DISCOURS

SUR LES FINANCES,

Par le Citoyen MENGIN, l'un des Agens de la Conservation générale des Hypothèques, et *Auteur du nouveau Systême hypothécaire.*

« Un pays susceptible d'amélioration du côté de
» l'agriculture, de la population et de l'industrie,
» et qui d'ailleurs est gouverné par des lois pro-
» tectrices de la propriété et des individus, par-
» viendra infailliblement à un plus haut degré
» de prospérité, quand une augmentation dans
» la quantité de son numéraire pourra faire
» baisser le taux de son intérêt ».

Théorie des Equivalens, ou *Principes sur la nature, la valeur et le pouvoir de l'argent-monnoie, avec leur application à l'organisation des finances publiques.*

Par M. DE CRAUFURD, Auteur anglois, page 84.

A PARIS,

Chez les Marchands de Nouveautés.

THERMIDOR, AN V.

AU CORPS LÉGISLATIF.

LE rapport que la commission des finances a fait par l'organe du citoyen Gibert-Desmolières, a laissé un intervalle si immense entre la recette et la dépense, que tous les citoyens doivent offrir au corps législatif leurs réflexions sur les moyens d'établir le niveau, sans lequel il n'y aura jamais de bonnes finances.

Je fais hommage au corps législatif d'un plan, où, après avoir examiné la cause du mal, je trace le moyen de restauration propre à toutes situations, et sur-tout approprié aux circonstances dans lesquelles nous nous trouvons.

Il n'exige aucun nouvel impôt, mais *il multiplie la matière imposable* : il contient d'un côté, le tableau de la quotité d'impôts susceptibles d'être demandés à la nation, et de l'autre, le montant de la dette connue et de celle restant à liquider.

MENGIN.

AUX CRÉANCIERS
ET CONTRIBUABLES
DE LA RÉPUBLIQUE FRANÇAISE.

Citoyens,

Mes travaux en finances vous ont prouvé à chaque époque la possibilité d'améliorer votre sort; le corps législatif en a toujours eu le desir, mais les moyens n'ont pas secondé ses intentions.

Le moment est venu où on ne peut plus employer de palliatifs. Il faut vérifier la situation malheureuse de tous les intérêts, offrir une nouvelle existence à toutes les parties du corps social, dégager enfin l'état, ses créanciers et les contribuables, des entraves de la nullité qui les privent de toutes facultés.

Le rapport de la commission des finances, fait par le citoyen Gibert-Desmolières, m'a déterminé à communiquer ce nouveau travail. J'ai rappelé les causes simples de la décadence de nos finances; j'indique les moyens de restauration.

Si, comme on ne sauroit en douter, il est une quotité pour les impôts qui ne puisse être dépassée sans occasionner le découragement et bientôt anéantir la source productive des finances, tout système raisonnable doit tendre à trouver dans cette somme de quoi remplir les engagemens; impolitique, dangereux, immoral de promettre au-delà, cette loi de la nécessité commande impérieusement, et la prudence, comme l'intérêt individuel, appelle chacun pour concourir à l'observation d'une telle mesure.

Nous n'en sommes plus au temps où l'on parloit de rétablir le déficit; nous devons nous borner à mettre la dépense au niveau de la recette. On sait qu'il faut pour cela que les créanciers fassent des sacrifices; mais si on améliore leur sort actuel, le sacrifice sera léger, sur-tout si on assure le capital de leur créance.

Les contribuables, de leur côté, ne peuvent se flatter d'obtenir une diminution de l'impôt, puisqu'il faut, autant que possible, satisfaire les créanciers de l'état et soutenir le gouvernement; mais c'est tout pour eux d'être dégagés, quant à présent, de l'inquiétude de les voir multiplier; d'ailleurs, une ressource peut leur offrir un allégement effectif; ce seroit d'alimenter toutes les branches d'industrie pour rendre plus considérable la quotité *de la matière imposable*, et donner à chacun les moyens de payer l'impôt.

Telle est la tâche que j'ai entrepris de remplir. Plus on tarderoit à rappeler l'ordre, plus la dette nationale accroîtra, plus la puissance publique s'affoiblira, et moins les contribuables pourront payer.

Tout ce système tient à un principe simple: *c'est en assurant l'exécution stricte des conventions que la confiance, en renaissant, ranimera la circulation et procurera des ressources à toutes les parties de l'état en même temps qu'au gouvernement.*

MENGIN.

SOMMAIRE

Des Matières contenues dans ce Discours.

DISCOURS

DISCOURS

SUR LES FINANCES.

En finances, comme dans toutes les autres branches d'économie politique, les idées, les plans et les moyens ont besoin d'une harmonie soutenue qui lie chaque partie du tout, et la fasse correspondre au même but. Aucun plan n'est véritablement bon, s'il n'est susceptible,

1°. De subvenir aux besoins de l'état.

2°. D'assurer aux rentiers le paiement exact de ce qu'on leur auroit promis.

3°. De rétablir l'ordre dans les recettes et dans les dépenses, notamment dans celles relatives aux fournitures et aux approvisionnemens.

4°. De procurer aux contribuables les moyens de faire statuer sur les réclamations en dégrèvement contre une répartition injuste de l'impôt.

5°. D'activer la rentrée des impôts, d'accroître leurs produits sans en augmenter le nombre, mais *en multipliant la matière imposable.*

La commission des finances, dans le dernier rapport qu'elle a soumis au conseil des cinqcents, peint notre position d'une manière effrayante. Elle a sondé la profondeur de la plaie, et n'offre aucun remède. Elle a présenté des palliatifs, cependant le mal ne feroit qu'augmenter par de tels procédés : l'usage des calmans peut prolonger la situation de

A

celui qui les emploie, jamais il ne l'améliore. C'est en finances, comme en toute autre partie relative à l'ordre politique, un germe destructeur de l'ordre, de la puissance nationale.

Ne désespérons point ainsi de notre position. Il n'est point devenu impossible de rétablir *l'ordre*, ni même *la balance entre la recette et la dépense*; balance sans laquelle l'état seroit privé de tout crédit.

Quiconque voudra réfléchir sur les causes ordinaires de là décadence des finances chez tous les peuples, verra qu'elle tient,

1°. A l'exagération de l'impôt;

2°. Aux vices d'une mauvaise répartition.

Cette connoissance du mal rend l'application des ressources plus facile. Le corps législatif n'a besoin, pour régénérer les finances, que de remédier aux causes de décadence qui viennent d'être indiquées, d'avoir une volonté absolue de rappeler les principes dont l'absence occasionna ces maux.

Tout se borne,

1°. A fixer d'une manière positive, l'opinion sur l'étendue de la dette nationale, en observant de porter les calculs plutôt au-dessus qu'au-dessous de la vérité exacte.

2°. A rechercher quelle peut être la vraie quotité d'impôt que la nation est en état de supporter.

Il faudra trouver dans cette somme de quoi satisfaire aux arrérages de la dette inscrite, et à liquider; subvenir aux fonds d'une caisse d'amortissement, qui assure à l'état un nouveau crédit, et aux créanciers un moyen de remboursement dans un laps de temps connu;

enfin, solder les dépenses d'administration générale.

La répartition de l'impôt reconnu possible demande beaucoup de prévoyance pour l'effectuer dans la proportion la plus utile entre ceux indirects et ceux directs; ensorte que la masse du produit fixe soit au *complet* dans tous les temps, soit de guerre, soit de paix.

Quant à la rentrée des revenus, elle dépendra de lois sages, qui d'un côté fournissent un système de crédit étranger à celui du gouvernement, capable d'alimenter les besoins de l'agriculture, du commerce et de l'industrie, et qui de l'autre multiplient la *matière imposable*.

D'après ces bases, je diviserai mon travail en deux parties.

Dans la première, je traiterai de la quotité de la dette et de celle de l'impôt.

La division de l'impôt et le recouvrement des revenus seront l'objet de la deuxième partie.

L'ancien gouvernement avoit pour habitude en finances de monter les recettes au niveau des dépenses, en multipliant les impôts. Cette manière d'opérer l'a conduit à écraser le peuple de contributions, à lui retirer toutes ses facultés, et à détruire ses propres finances.

Les différentes assemblées législatives, convaincues qu'il est un terme qu'on ne peut dépasser pour la contribution, portèrent leurs vues vers des économies sur les salaires des fonctionnaires publics : elles tâchèrent, par ces réductions, de rétablir la balance entre la recette et la dépense. Cette mesure produisit un excès contraire. Beaucoup d'employés ont vendu les intérêts de l'état, en exigeant du public des rétributions qui les missent à portée de subvenir à leur existence.

Aucune n'a saisi la seule idée capable d'assurer le crédit d'une nation qui a une dette, et qui peut se trouver obligée d'emprunter pour ses dépenses extraordinaires.

Pour cela, il faut qu'un système général rende le crédit des individus indépendant de celui de l'état, assure au gouvernement les secours que les circonstances rendroient nécessaires, et établisse un point de contact entre ce double moyen, pour soutenir l'un par l'autre.

L'Angleterre nous donne la solution de ce problême.

Cette nation a un système de crédit tel, que tous les citoyens trouvent dans la circulation les capitaux réels et fictifs utiles aux divers genres d'industrie : ensorte qu'aucun n'est en souffrance. Si l'état emprunte, il n'absorbe que les *capitaux oisifs* de la société ; et s'il en excède la quotité ordinaire disponible, la circulation, animée par le crédit particulier, la multiplie fictivement jusqu'à concurrence des besoins du gouvernement : les citoyens secondent eux-mêmes ces entreprises à raison des bénéfices que ces emprunts leur offrent au-delà de ceux que les transactions ordinaires entre citoyens peuvent donner. Tant que l'état n'emploie que le superflu des capitaux, son crédit est entièrement indépendant ; il est plus recherché par les possesseurs de ces capitaux oisifs : dès-lors il acquiert plus de valeur dans la circulation, et l'état est servi sans qu'aucun citoyen soit lésé.

La banque y sert de point de contact, en offrant un crédit sur les créances de l'état et sur celles des citoyens. Si l'un des deux éprouvoit de l'altération, le crédit de la banque en souffriroit, et l'état, comme le particulier, auroit intérêt de le soutenir. L'esprit public de cette nation tend dès-lors à un but commun.

Avec un tel mobile, toutes les opérations deviennent faciles. L'impôt est-il insuffisant pour subvenir aux dépenses? s'agit-il de le diminuer pour conserver la supériorité du commerce sur les autres nations, pour se procurer les fonds d'une campagne? la réduction de l'intérêt de la dette s'opère sans inconvénient; le crédit de l'état n'en est aucunement altéré : au contraire il se bonifie.

La réconstitution de toute la dette, faite en 1737 de 4 à 3 pour 100, s'est vendue, en temps de paix, au-dessus du pair. L'opération s'effectue en vertu d'un bill du parlement. Les créanciers s'empressent d'y adhérer, en considérant que l'état seroit dans l'impossibilité de tenir l'intégralité de ses engagemens; et que, dans cette position, une réduction sur les arrérages, dont le capital ne peut se rembourser que par le service d'une caisse d'amortissement, est préférable à une cessation de tout payement, et à une perte entière de leurs capitaux. D'ailleurs la dette reconnue obtient une valeur plus forte après une pareille opération, attendu que l'intérêt en étant mieux assuré, le cours s'élève plus près du pair.

La France a jusqu'à présent éprouvé le mal inverse. Faute d'un bon système de crédit pour tous les citoyens, leurs facultés ont toujours été restreintes. Et quoique notre position fut moins pénible avant la révolution, déjà nous ressentions la gêne dans laquelle se trouvoient notre agriculture et notre commerce. Si le crédit, dont je viens de parler, eût existé, notre prospérité eût été double de celle de l'Angleterre. Toutes les fois que le gouvernement auroit fait des emprunts, nous n'aurions pas senti les moyens actifs de notre commerce se rétrécir de la somme qu'ils enlevoient, et la valeur des immeubles diminuer à mesure qu'ils étoient rendus à la circulation ; nous n'aurions pas vu vendre ceux-ci au rabais, pour obtenir, par un placement sur l'état, des revenus plus considérables.

Il n'est point de politique qui ne sache que le haut intérêt de l'argent est la preuve de la décadence d'une nation. Or, faute d'un bon systême de crédit public et particulier, nous étions dans cette détresse.

Je ne prétends pas induire de-là la nécessité d'imiter en tout l'Angleterre, mais seulement faire reconnoître, par l'expérience, l'importance et l'utilité de faire mieux, en employant un systême de crédit supérieur, dégagé des défauts de celui des Anglois, et susceptible de résultats plus variés et plus étendus.

Le tourbillon de la révolution a multiplié les formes et les dépenses administratives, ainsi que le nombre des employés : simplifions les premiers, et soyons sévères sur l'utilité des seconds.

Entraînés dans une guerre qui ne ressemble à aucune autre connue, il a fallu laisser aux

agens du gouvernement une grande latitude
de ressources : de-là le gaspillage des fournisseurs, tandis qu'il auroit été plus écono-
mique de ne procéder avec eux que par la voie
de l'enchère au rabais, en assurant d'ailleurs
une garantie respective.

Au milieu des déchiremens qu'occasion-
noient ces désordres, le besoin des impôts
devenoit plus impérieux ; et le corps législatif
n'avoit même point le temps de s'occuper des
moyens de faciliter aux contribuables la possibilité de les payer. A l'omission d'un mode
susceptible de multiplier la matière imposable
se joignoient celle d'un mode utile de recouvrement, et la négligence que les percepteurs
apportoient, par défaut d'intérêt, au versement
exact de leurs recettes dans le trésor public.

C'est ainsi que des opérations isolées et successives, loin de soutenir le crédit de l'état,
tendent à l'altérer.

Le mal est tel aujourd'hui, que le corps
législatif l'aggraveroit, si, par une grande
mesure, et pour ainsi dire d'un seul jet, il
ne parvient à asseoir le revenu de l'état,
et à fonder son crédit de manière à ne plus
avoir de long-temps besoin d'aucun moyen
auxiliaire.

Pour parvenir à ce but, et connoître la
masse totale des impôts à demander annuellement au peuple, je profiterai des lumières
que m'offrent le rapport du citoyen Treilhard,
les opinions des citoyens Defermont et Gibert-
Desmolières, et le rapport de ce dernier.

Le citoyen Defermont, dans son opinion
du 8 Germinal an 5, nous rappelle celle de
l'assemblée constituante sur la masse des

impôts à demander annuellement au peuple.

Au mois de Novembre 1789, dit-il, le ministre des finances proposa un état de dépense de 531,533,000 liv., que le comité des finances réduisit à 412,333,492 liv., et l'état des impôts fut fixé à 475,294,000 liv. : mais ce projet ne s'exécuta pas ; car le 6 Février 1790 l'état de dépense, qui fut présenté par le comité, étoit de 529,841,600 livres, sans les dépenses des départemens, qui le faisoient monter à 600 millions : encore la dépense du culte, qui étoit alors de 111,226,000 livres, n'y étoit-elle pas comprise.

L'impossibilité de demander ces produits au peuple fit penser à créer des assignats pour subvenir aux besoins d'une semblable dépense.

Le comité des dépenses proposa ensuite un état annuel qui se montoit à 581,261,500 liv.

Comme les impôts ne pouvoient y pourvoir que pour 505,412,500 livres, on employa des moyens extraordinaires pour compléter cette dépense, tels que 34 millions de la contribution patriotique, 10 millions de la loterie qu'on laissoit subsister à cet effet, 4 millions de la créance sur les états-unis de l'Amérique, et 30 millions provenant de la vente du fond des magasins de sel et de tabac, faisant ensemble 78,952,000 livres.

A la fin de l'assemblée constituante, dans un rapport fait le 9 Septembre 1791, les dépenses présumées de 1792 sont portées à 550 millions, non compris celles locales, montant à 60 millions ; ce qui portoit la dépense totale à 610 millions : mais dans cette somme, celle du culte y étoit comprise pour 111 millions. La dépense réelle de l'état, relativement à son service et à sa dette, devoit donc être de 500 millions environ.

Le 10 Octobre 1791 , le rapport sur les finances, fait par le citoyen Lafond, porte l'état de dépense à 657,100,103 livres.

Il démontre que l'on ne pouvoit suffire à cette dépense par les impôts, au - delà de 511,500,000 livres; que le surplus devoit être pris sur les revenus des domaines, et sur le produit de leurs aliénations.

Tous ces calculs n'ont été qu'hypothétiques; car depuis l'assemblée constituante les produits ont toujours été en décroissant, et jamais on n'est parvenu à obtenir celui annoncé comme nécessaire : mais toujours est-il bien constant qu'à toutes les époques 500 millions étoient le *maximum* de la somme des impôts possibles à demander.

Le corps législatif sembloit s'être rapproché de cette vérité, en fixant, par la loi du 16 Brumaire dernier, les revenus ordinaires à 450 millions.

Cette base eût été consolante, si le rapport du citoyen Treilhard ne nous eût pas démontré que, pour compléter cette somme, il falloit mettre 35,900,000 livres d'impôts nouveaux, et que ces 450 millions devoient être indépendans du recouvrement,

1°. Des sous additionnels pour les frais d'administration des départemens et les dépenses locales des municipalités ; dépenses évaluées, dans l'opinion du citoyen Gibert-Desmolières, du 9 Floréal de l'an 5, 63 millions.

2°. Des fonds nécessaires à l'acquit des intérêts des diverses sommes actuellement dues et à liquider, et de celles qui devront être contractées jusqu'à la paix ; ce qui s'élève à plusieurs milliards.

Enfin, on est alarmé quand on y voit que les revenus ordinaires provenant des impôts actuels sont inférieurs de 62,457,913 liv. aux dépenses, et que pour rétablir l'équilibre, il faut les augmenter de cette somme annuelle.

Ce résultat effrayant, le citoyen Gibert-Desmolières entreprend de le corriger dans son opinion du 9 Floréal de l'an 5.

Il présente un calcul de recette différent de celui du citoyen Treilhard, qui, à l'aide de 35,900,000 livres de nouveaux impôts, se trouvoit porté à 450 millions.

Dans le nouvel état du citoyen Gibert-Desmolières, la prorogation de l'impôt des patentes est compris pour 15 millions de produit, les revenus des domaines pour 30 millions, les impôts directs sont augmentés de 30 millions. Il diminue les produits de l'enregistrement de 10 millions, celui des postes de 2 millions, et il annonce en définitif un revenu de. . . . . 461,600,000 l.

Il ajoute à cette somme, comme revenus, une retenue sur les arrérages de rentes, de trois dixièmes sur le perpétuel, un cinquième sur les rentes viagères, un dixième sur les pensions. 52,607,700

Il obtient ainsi un revenu de . 514,207,700

Mais outre cette somme, il restera à percevoir les 63 millions de sous additionnels.

Ci-contre. . . . . 514,207,700 l.

A l'égard des dépenses, après
les avoir réduites de 26 mil-
lions, il les porte pour. 486,345,770

Au lieu d'un déficit de 62
millions, annoncé par le citoyen
Treilhard, il reste un excédent
de . . . . 27,861,930 l.

Ainsi la différence entre le rapport du cit.
Treilhard et les calculs du citoyen Gibert-
Desmolières, bonifieroit les finances de 100
millions.

Mais je le demande, voit-on autre chose
dans ces calculs qu'une augmentation d'impôt?

Si on jette ensuite les yeux sur le rapport
fait 46 jours après, la situation devient encore
plus pénible.

Le revenu porté pour l'an 5 à 461,600,000 l.,
suivant l'opinion du 9 Floréal, est retranché
de 35 millions sur les produits de l'enregistrement, de 4,500,000 l. sur les postes et messageries, et ne se trouve plus
que de. . . . . 422,100,000 l.

Il est vrai qu'au moyen de la
retenue des trois-quarts sur le
premier semestre des rentiers,
évalué à 93,013,273 l. au lieu de
52,607,700 l. à quoi elle étoit
fixée sur une autre base dans l'o-
pinion précédente, les dépenses
se trouvent réduites à 395,264,253

D'où il résulte que malgré
la diminution des 39,500,000 l.
sur les revenus, l'excédent des
recettes seroit de 26,735,746

Pour l'an 6 , ses calculs sont différens.

Il augmente de 2,500,000 l. le produit des postes , et celui des douanes de 400,000 l. ; les impôts directs sont diminués de 20 millions , tandis qu'ils les avoient augmentés de 30 pour l'an 5 , au-delà des calculs du cit. Treilhard , et les produits ne sont portés que pour . . . . 405,000,000 l.

Quant aux retenues sur les arrérages de la dette , il les calcule à raison de deux cinquièmes sur les rentes constituées , de trois dixièmes sur les rentes viagères , et de un dixième et demi sur les pensions ; et se procure un allégement de 74, 593,799 l. , inférieur de 18 millions à celui de l'an 5 , mais supérieur de 22 millions à celui qui devoit résulter de son opinion , ci . . . . 74,593,799 l.

Total des revenus . . . . 479,593,799 l.

La dépense , non compris les 63 millions de sols additionnels, est de . . . . 488,377,626 l.

Ainsi, en faisant une soustraction inverse, il est évident que pour cette année il y aura un déficit de . . . . 6,783,727 l.

En admettant que les recettes s'opérassent comme elles sont calculées, et que telle dût être, sauf quelques réformes dans les dépenses, notre véritable situation, nous aurions la consolation de voir, à 9 millions près, les dépenses en balance avec les revenus.

Mais quelle confiance peut-on avoir dans cet exposé, lorsqu'on fait le rapprochement de toutes ces contradictions? ne faut-il pas conclure que plus les revenus diminueront et plus la retenue sur les rentiers augmentera? Le systême présenté prouve l'intention de leur faire supporter tout le fardeau du déficit des recettes: perspective accablante, puisqu'en sus de la dette actuellement connue, il faut encore subvenir,

1°. Aux arrérages de celles restant à liquider, et de toutes les sommes qui seront dues à la paix, sommes que je vais démontrer devoir s'élever à 4 milliards de capital ;

2°. Aux fonds d'une caisse d'amortissement, ressource indispensable pour donner, à défaut de payement intégral des intérêts, un cours mieux assuré aux capitaux.

Si le corps législatif ne met pas au rang de ses dépenses ordinaires les fonds d'une caisse d'amortissement pour établir le crédit de la dette, jamais il n'aura de valeur pour opérer sa liquidation générale, et suffire à sa dépense extraordinaire.

Il doit même en résulter un avantage sensible pour la nation par rapport à la vente des domaines.

La retenue de deux cinquièmes sur les rentes, en réduisant l'intérêt de l'argent à 3 pour 100, portera la valeur vénale des domaines à ce taux.

Ceux de la Belgique produisent, selon

le citoyen Gibert - Desmolières . . . . 40,000,000 l.

Ceux de la république . . . 23,000,000

TOTAL . . . . 63,000,000 l.

En supposant ces domaines vendus au taux de la réduction de la dette, le prix ne seroit, au denier 33 un tiers, que de 2 milliards; somme trop foible pour amortir 8,412,000,000 l. de capital, auquel doit se monter la dette après la liquidation générale. Quel moyen d'y suffir sans une caisse d'amortissement ?

Si, pour satisfaire à cette dette, on porte l'intérêt des quatre nouveaux milliards à liquider au taux seulement fixé par le citoyen Gibert - Desmolières, l'augmentation de dépense annuelle équivaudra à 120 millions; somme énorme et capable (comme l'annonce le rapporteur), *d'écraser la fortune publique.*

Impossibilité pour la nation de supporter ces nouvelles charges cumulées avec celles connues.

Le corps législatif ne doit plus employer de palliatif : il faut, enfin , un remède à un désordre aussi général, et pour cela point de dissimulation, afin que la mesure qu'il prendra paroisse juste.

Ne perdons pas de vue que la révolution fut opérée sous le prétexte d'un déficit annuel de 54 millions : évitons de laisser un germe propre à fomenter la contre-révolution.

Les ennemis de la chose publique, en entretenant le désordre de nos finances, veulent faire faire une banqueroute totale pour punir ses créanciers de la conquête de notre liberté.

Ce n'est que par une transaction avec les créanciers de l'état, que le corps législatif peut sauver les finances. Qu'il la fasse loyalement, je ne doute point de l'assentiment de ceux-là: il ne s'agit que de leur démontrer la possibilité matérielle de tenir les nouveaux engagemens.

Pour parvenir à ce but, le législateur doit déterminer d'abord la masse totale de la dette, et celle des dépenses nécessaires du gouvernement, qu'on peut diviser en dépenses actuelles et dettes restant à liquider.

Des dépenses actuelles.

1°. Rentes perpétuelles consistant en celles

liquidées. . . . 104,000,000 ⎫

Et celles à li-　　　　　　　⎬ 120,000,000 l.

quider . . . . . 16,000,000 ⎭

2°. Pensions et rentes viagères.

Savoir :

Les pensions. . 70,000,000 ⎫

Les rentes via-　　　　　　 ⎬ 141,203,589

gères . . , ...71,203,589 ⎭

Total des arrérages de la dette actuelle 261,203,589

Le capital de cette dette est de 4,412,035,890 liv.

Les dépenses du gouvernement, d'après la fixation qu'en a faite le citoyen Gibert-Desmolières, montent à 240,342,132

Total de la dépense actuelle 501,545,721 l.

De l'autre part. . . . . 5o1,545,721 l.

De la dette à liquider.

On ne doit concevoir aucune inquiétude , si la prudence la fait porter un peu haut : car , d'après l'opération qui sera proposée pour son amortissement, aucun intérêt ne se trouvera blessé. Elle comprend ,

1°. Les dettes dites de l'arriéré.

2°. Celles envers des créanciers qui ne se sont pas présentés pour recevoir pendant le cours du papier-monnoie.

3°. Les restitutions.

Un milliard remplacera à peine ce vuide. J'ai des notions assez certaines pour croire que l'arriéré seul monte à plus de 1100 millions.

Comme on ne peut payer le milliard en argent, et qu'il faudra le comprendre dans la dette consolidée, je porte les intérêts annuels, d'après le taux actuel de 4 pour 100, à 40,000,000

4°. Tout ce qui peut être ou sera dû à la paix définitive pour la guerre de terre et de mer, un milliard. On ne croit rien forcer, et par la même raison que pour l'article précédent, je porte en dépense annuelle 40,000,000

581,545,721

Ci-contre. . . . . 581,545,721 l.

5°. Les dépenses nécessaires,
Pour remonter la marine nationale ;

Réparer les grandes routes ;

Rétablir les fortifications ,
construire celles qu'exigent les
nouvelles limites.

Ici se placent naturellement
les indemnités à accorder aux
pays ravagés par la guerre. Pour
le tout , un milliard produisant
en intérêts . . . .   40,000,000 l.

4°. Enfin la récompense pro-
mise et due aux armées , un
milliard.

Cette somme ne peut être
soldée qu'en valeur de la dette,
en attendant que chaque mili-
taire la réalise en biens nationaux : cette première liquidation procure d'ailleurs à la
nation l'avantage de faire cesser
l'incertitude sur la quotité de
liquidation générale. Un autre
mode seroit même impraticable,
puisque la distribution en nature d'une partie quelconque de
territoire , donneroit lieu à des
difficultés entre les ayant-droit
sur la préférence en cas de concours pour le même objet , et
supposeroit un droit de préhen-

621,545,721.

B

De l'autre part. . . . . 621,545,721 l.

sion, image de la désorganisation sociale.

Les intérêts de ce milliard se monteront à . . . . 40,000,000 l.

Il faut ajouter à ces dépenses celles des sous additionnels, que le citoyen Gibert - Desmolières a réduites à . . . . 58,500,000 l.

Nota. Les dépenses locales des communes n'étant pas comprises dans l'article précédent, je les compte pour mémoire.

Total de la dépense annuelle dont seroit chargée la nation, si elle suit les erremens actuels. 720,045,721 l.

Il est évidemment démontré que la nation ne peut par les impôts suffire à cette charge.

Pour les diminuer, le citoyen Gibert - Desmolières propose déjà une retenue.

1°. De deux cinquièmes sur les rentes perpétuelles.

2°. De trois dixièmes sur les rentes viagères.

3°. D'un dixième et demi sur les pensions.

Ce qui équivaudroit à une réduction ou impôt sur les rentes, savoir :

Ci-contre. . . . . 720,045,721 l.

Sur celles perpétuelles existantes et à liqui-
der, de . . . . . 112,000,000 l.
   2°. Sur le via-
ger, de . . . . 21,500,000 l. } 143,861,098
   3°. Sur les
pensions, de... 10,500,000 l.

La dépense seroit encore de 576,184,633 l.

Cependant les produits, selon
le citoyen Gibert-Desmolières,
ne s'éleveront, pour l'an VI, y
compris les 58,500,000 l. pour
les sous additionnels, qu'à 463,000,000

Il y auroit donc un déficit de 113,184,633 l.

En vain espéreroit-on y suppléer par de
nouveaux impôts indirects. Ce résultat seroit
douteux, si la masse des impôts est déjà telle
qu'elle surcharge le peuple, et qu'elle préju-
dicie au commerce et obstrue ses moyens d'activité. Une augmentation d'impôts ne pourroit
devenir une ressource.

Pour obtenir une augmentation de recette,
il faudroit multiplier la matière imposable :
mais déjà le citoyen Gibert-Desmolières émet
une opinion opposée en repoussant l'introduc-
tion du code hypothécaire. Cette loi, en établissant *la sureté absolue des conventions*,
procureroit *le bas intérêt de l'argent et la
rapidité de la circulation*, seuls moyens de
multiplier la matière imposable et d'éviter de
mettre de nouveaux impôts. Cependant,

comme il est reconnu en économie politique que les produits des impôts indirects sont toujours proportionnés à l'extention du commerce qui n'est florissant que là où il y a une grande circulation, et que celle-ci tient à une sureté absolue des conventions, on conçoit peu de mesures aussi sures que celles attachées à la disposition législative, qui facilite le nombre des transactions.

Quant au sort des créanciers de l'état, il semble se refuser à ce qu'on se flatte de pouvoir obtenir un nouveau retranchement sur leurs revenus, si on ne les dédommage pas d'une autre manière.

Les rentes à 5 pour 100 originairement n'ont été établies sur le grand livre que défalcation faite des retenues du dixième et deux sous pour livre du dixième : ce qui a réduit une rente de 1000 livres de revenu à 890 livres. Lorsque cette même rente aura été effectuée, qu'exigeroit-on sur les 534 livres, ou deux deux-tiers pour 100 restant ?

Un déficit de 112 millions, impossible à couvrir par un accroissement d'impôts, menaceroit cependant encore ces créanciers.

Dans une telle circonstance, le législateur doit agir avec la plus grande prudence, la justice la plus rigoureuse, et les vues politiques les plus profondes.

Trois intérêts différens réclament son attention.

1°. *L'état* demande des produits pour satisfaire à ses dépenses ordinaires et asseoir son crédit.

2°. *Le créancier de l'état* a droit d'exiger une assurance pour ce qu'on lui promettra.

3°. *Le contribuable* ne paiera qu'autant que la quotité d'impôts ne sera point excessive.

La révolution a anéanti les revenus de l'état et son crédit ; elle a ruiné les créanciers de la nation ; elle a mis les contribuables hors d'état de payer l'impôt.

C'est de ce chaos, de ces décombres effrayans pour tout le corps social, qu'il faut obtenir un système de finances qui, mettant les impôts en balance avec les facultés des contribuables, leur répartition en équilibre avec tous les intérêts, la recette au niveau de la dépense, affermisse le gouvernement par la certitude de son crédit, procure un soulagement durable aux créanciers, et laisse aux propriétaires la faculté de ranimer l'agriculture, le commerce et l'industrie par l'emploi de leurs revenus, à un autre usage que l'acquit de l'impôt.

Tant que ce premier équilibre de l'impôt vis-à-vis du contribuable ne sera pas établi, les promesses du corps législatif envers les créanciers de l'état demeureront illusoires, puisque le recouvrement des sommes avec lesquelles on pourroit payer sera incertain : dès-lors le crédit de l'état resteroit toujours vacillant, ou pour mieux dire il n'en auroit pas ; car il n'existe que pour celui qui prouve qu'à sa moralité il joint la possibilité matérielle de remplir ses engagemens.

Que l'on se retrace la situation des imposables, et l'on verra que, par les effets de la révolution, l'agriculture ou les propriétés ont été négligées, détruites en partie par la guerre ; l'impôt direct mal réparti ; celui forcé, les réquisitions, les assignats, les mandats, la rareté de la population, la méfiance ont altéré la valeur et les produits de cette richesse au point que les immeubles se sont vendus pour quatre et cinq fois la rente ; qu'ils ne se vendent encore que dix ou douze fois la rente, au lieu de trente fois auxquelles les mutations étoient portées avant la révolution.

La situation du commerce n'est pas moins affligeante : il est détruit ; les capitaux sont resserrés, et ne s'obtiennent que par le sacrifice d'un intérêt excessif ; point de crédit ni de circulation ; les manufactures ne travaillent plus, et le consommateur est hors d'état de rien acheter.

Ces calamités reconnues peuvent être imputées aux surcharges que l'agriculture et le commerce éprouvent par les impôts, qu'il est impossible de porter à 576 millions.

Leur produit brut avant la révolution n'a, d'après M. Necker, jamais excédé 585 millions, et la dépense alors étoit de 610 millions.

Le dernier compte rendu en 1788, qui portoit les dépenses à 644,604.459 livres, ne présente qu'un produit net de 489,127,587 liv. La différence se complétoit par un emprunt. Cette opération s'exécutoit d'autant plus facilement, que le public savoit que celui qu'on ouvroit servoit à en éteindre un antérieur, et que le remboursement s'effectuoit ainsi successivement.

Le rapport du comité des finances du 18 Novembre 1789 n'a porté le produit net des finances qu'à 475 millions.

Enfin, le citoyen Gibert-Desmolières ne nous présente pour l'an 6, y compris les sous additionnels des départemens, qu'un revenu de 463 millions.

Cependant nos dépenses, même en temps de paix, doivent s'élever à 576 millions.

L'assemblée constituante, alors que la nation ne se ressentoit encore d'aucune des calamités qu'ont dû entraîner une guerre de plusieurs années, un changement dans l'ordre politique, n'osoit compter que sur 475 millions de produit net, non compris les sous additionnels, qui, montant à 60 millions, portoient la somme levée sur le peuple à 535 millions, et elle ne les a jamais obtenus.

C'est ici que le législateur est dans une alternative périlleuse : s'il demande trop d'impôts, il énerve par cela même la source du produit des finances ; s'il ne demande pas aux contribuables tout ce qu'ils peuvent payer, les créanciers de l'état lui reprocheront que la réduction des intérêts n'est occasionnée que par une mauvaise mesure.

Pour éviter ces deux extrêmes, il faut ne promettre aux créanciers que *le possible*, et que ceux-ci *s'en contentent*, puisque le législateur ne peut demander aux contribuables que ce que leurs facultés leur permettent de donner : autrement le produit des finances iroit chaque année en décroissant, les arrérages dus par l'état subiroient le même sort ; alors la mesure seroit infructueuse, et les maux des créanciers se renouvelleroient.

En suivant cette marche, il deviendra infiniment utile d'améliorer le sort des créanciers, de faire prospérer le produit des finances ; et, puisqu'on ne peut multiplier ni la quotité ni le nombre des impôts, d'y suppléer par *la multiplicité de la matière imposable*

Ce que l'état obtiendroit au-delà de ce qui

est reconnu indispensable, seroit partagé entre les créanciers de l'état, pour bonifier leurs arrérages, et les contribuables, pour diminuer d'autant la masse de leur répartition.

En suivant constamment ces principes, le législateur arrivera infailliblement à un ordre utile et solide pour toutes les parties intéressées.

D'après les renseignemens déjà annoncés, je pense que le corps législatif doit fixer la masse des impôts nécessaires à la dépense ordinaire, y compris le produit des forêts et des sous additionnels des départemens, à 5oo *millions*, et abandonner toutes ses autres ressources pour amortir la dette, ou suffire aux dépenses extraordinaires.

Si l'on compare cette somme à celle fixée par la loi du 16 Brumaire, elle se trouve inférieure de 8 millions; mais c'est tout ce qu'il est possible de demander à la nation, quoique la Belgique lui soit réunie. Les produits de celle-ci ne peuvent compenser les non-valeurs résultant des désastres éprouvés dans d'autres départemens.

En portant même aussi haut la masse des impôts, il est juste d'arrêter que celui foncier ne pourra excéder le cinquième net du produit, et indiquer un moyen officiel et sans frais, pour que les contribuables puissent se faire dégrever lorsque l'impôt dépassera ce taux.

Avec cette somme, on peut pourvoir,

1°. Aux intérêts de la dette, ainsi qu'ils vont être déterminés;

2°. A un fonds d'amortissement pour l'extinction successive du capital;

3°. Aux dépenses du gouvernement.

Le surplus des revenus à provenir des domaines sera employé d'abord à compléter les revenus ordinaires, et, subsidiairement avec le capital des ventes, à accroître le fonds de la caisse d'amortissement. A ce moyen, la balance se trouvera entre la recette et la dépense.

PLAN DE FINANCES.

Je sens qu'il faut une main hardie, des connoissances supérieures aux miennes pour tracer les bases d'un semblable plan ; mais que ne fait pas entreprendre l'amour de son pays ? Voici ce que mes lumières et l'équité m'ont paru rendre praticable.

Un système de ce genre ne peut se développer sans quelques réflexions préliminaires et sans des combinaisons. Je prie de ne rien préjuger et de suivre mes idées sans prévention.

J'ai annoncé que ce n'étoit que par une mesure générale qu'on pouvoit sortir les finances du chaos dans lequel elles sont ensevelies, leur donner une nouvelle existence et rétablir l'ordre.

Pour donner aux détails qui me restent à développer la confiance que je desire, je tiens aux principes suivans :

1°. Point d'émission d'aucun *papier-monnoie*, pour ôter toute l'inquiétude sur l'abus qu'on supposeroit pouvoir en être fait.

2°. *Extinction de la dette* dans toutes les parties qui la constituent, et pour cet effet, faire une réconstitution générale dont les bases assurent à chaque créancier *un rembourse-*

ment effectif et intégral conforme au titre de création.

3°. *Établissement d'une caisse d'amortissement* qui devienne un garant indépendant de la vente des biens nationaux pour le remboursement de *la dette publique* et des *emprunts que la nécessité feroit créer au corps législatif.*

Je pense qu'on aura tout fait pour les créanciers, si en leur donnant ces certitudes on leur assure d'abord un produit net *de deux pour cent*, et la possibilité de le voir *monter à trois pour cent*. Ce taux de 2 pour 100 devient également favorable au gouvernement, non seulement pour la reconstitution de la dette, mais encore pour assurer le nouvel ordre de choses qu'on se propose d'établir dans les finances.

On a déjà vu que les capitaux de la dette se montent à 8,412,025,990 l.

Les arrérages de cette dette à raison de 2 pour 100 par an, seroient de . . 168,240,717 l.

La dépense administrative est fixée par le cit. Gibert-Dèsmolières à 240,342;132

La dépense des sous additionnels actuellement perçus, étant à la charge du gouvernement, il faut les employer ici en dépense. Ils se montent selon le même rapporteur à 58,500,000

La caisse d'amortissement sera composée :

1°. D'un fonds annuel à

____

467,082,849

Ci-contre. . . . . . . 467,082,849 l.

prendre sur les revenus, de. . 36,000,000

2°. Du prix de vente des biens nationaux acquittés pour la totalité en créance sur l'état, à la réserve d'un dixième de l'estimation à réaliser en écus.

3°. Du remboursement à effectuer, en même valeur, des rentes foncières dont la nation ne se trouve privée que par une dilapidation révoltante.

4°. Du prix de vente des domaines congéables, dans lesquels le gouvernement doit rentrer, et dont le paiement pourra s'opérer en créance sur l'état.

Total de la dépense annelle 503,082,849 l.

Nous avons établi plus haut les revenus de l'état à 500,000,000

Il y aura un déficit de. . . 3,082,849

Pour le remplir, et suppléer aux non-valeurs des premières années, puisque le cit. Gibert-Desmolières ne porte le produit de nos finances qu'à 463 millions, on joindra à ce revenu ceux des domaines nationaux.

De l'autre part. . . . .   3,082,849 l.

Ils sont dans la Belgique
de . . . . 40,000,000 l. ⎫
En France de 23,000,000   ⎬ 63,000,000
                             ⎭

En faisant une soustraction
inverse, on aura un produit
excédent, pour compléter les
revenus ordinaires, de . . . . . 59,917,151 l.

Cette ressource ne doit faire négliger aucun
soin, pour obtenir de nouvelles économies susceptibles de remplir et au-delà les trois millions de déficit sur les revenus ordinaires.

Pour parvenir au remboursement du capital
de la dette,

1°. Il sera créé, au choix du créancier, des
inscriptions ou des billets au porteur, produisant 2 pour 100 d'intérêt, réalisables en domaines nationaux, par la voix de l'enchère,
ou remboursables par portion aliquote en argent, d'après un tirage qui seroit fait tous
les dix jours.

Chaque billet seroit de 1000 liv., et auroit
ses coupons d'intérêts pour dix ans. Si la dette
n'est point éteinte à cette époque, le billet
et ses annuités seront renouvellés pour la somme
qui en restera.

Ces nouvelles créances formeront la *dette
consolidée.*

2°. Les fonds de la caisse d'amortissement

seront portés à 108 millions , pris, sçavoir :

Sur les revenus ordinaires. .   36,000,000 l.
Sur l'extinction des rentes. .   72,000,000

TOTAL. . . . .   108,000,000 l.

Les 36 millions seront repartis à raison d'un par chaque décade. Cette caisse d'amortissement, fixée d'abord à 36 millions, s'accroîtroit successivement par l'aliénation des biens nationaux , contre des créances sur la nation. Le montant en seroit constaté chaque mois, et les arrérages qui auroient appartenu aux portions ainsi amorties, augmenteroient la quantité à repartir chaque décade.

La portion des revenus domaniaux, qui n'aura pas été nécessitée pour compléter les recettes ordinaires, sera versée dans la caisse d'amortissement, pour accélérer le plutôt possible le complet des 108 millions qui doivent la former.

Si les 168,240,717 liv. destinées au paiement des arrérages *de la dette consolidée,* excèdent le besoin du service d'un sémestre , parce que la liquidation de la dette générale se seroit trouvée inférieure à. la somme indiquée plus haut, l'excédent sera destiné 1°. à bonifier, pendant le sémestre suivant, au profit des créanciers liquidés, leurs intérêts jusqu'à concurrance de demi pour cent , 2°. à diminuer l'impôt direct.

Ainsi , je suppose que dans le premier sémestre on ne convertisse *en dette consolidée* qu'un milliard sur les quatre à liquider, comme sur les 40 millions d'intérêt dix seulement seront à repartir, les trente restant seront ajoutés pour le sémestre suivant, à raison de démi pour 100 aux arrérages payables aux autres créanciers.

Le capital de la dette liquidée, étant dans le cas de 5,412,000,000 liv. le demi pour 100 à distribuer équivaudra à 27 millions. Sept millions serviront à une réduction égale sur l'impôt *direct*, en observant que cette diminution ne s'opérera qu'autant que les impôts seront au complet de 500 millions.

A l'égard des produits, autres que ceux des domaines, qui excéderont les 500 millions, ce qu'il faut attendre d'une sage administration qui feroit prospérer l'agriculture, le commerce et l'industrie, on les diviseroit aussi en deux parties.

Moitié sera jointe aux fonds destinés pour l'acquit des arrérages de la dette consolidée, jusqu'à ce qu'ils soient portés à 3 pour 100 : l'autre moitié, ainsi que ce qui se trouveroit libre sur la première, après l'acquit des intérêts sur le pied de 3 pour 100, seroit employée au soulagement de *l'impôt direct*.

Aussi-tôt que les fonds de la caisse d'amortissement se trouveront au complet de 108 millions, la réduction sur les dépenses successives pour les arrérages profitera aux créanciers non remboursés, de manière à servir leurs intérêts au taux de 3 pour 100, et ensuite aux contribuables de *l'impôt direct*.

L'arriéré des impôts sera ajouté aux revenus

de l'an V, pour couvrir les anticipations qui ont eu lieu, mais qui cesseront dès ce moment, afin de ne plus confondre les dépenses ordinaires avec celles extraordinaires.

Le gouvernement aura ses dépenses extraordinaires assignées sur la vente des domaines nationaux, dont un dixième se paiera en numéraire et sur la portion de la nouvelle création de dette consolidée qui lui sera accordée à prendre dans les 4 milliards destinés à rembourser toute la dette à liquider.

Ce plan concilie et unit l'intérêt des contribuables et des créanciers : son exécution présente une perspective de bien durable, puisque tous les cas y sont prévus ; sa mise en activité ne nécessite et ne doit laisser craindre aucune suspension de service ; elle peut même les seconder tous. La certitude du service dépendra *du paiement exact des intérêts de la dette et des fonds d'amortissement.*

Pour ce service on peut former, sous l'inspection de la trésorerie qui en rendra compte au corps législatif, une compagnie de finances.

Cette société tiendroit toujours au complet 18 millions de capitaux, pour l'acquit de l'amortissement.

Elle se recouvriroit des sommes avancées par premier privilège sur tous les revenus de la nation, et la trésorerie remettroit chaque mois l'état de la dépense.

Les arrérages des premiers six mois se paieront également par premier privilège sur toutes les autres dépenses, à la date des billets au porteur et de leurs coupons. La date en sera annoncée le jour même que le remboursement aura été fait en cette valeur.

Les 18 millions d'avance, toujours tenus au complet, assurent aux créanciers leurs paiemens, et donnent à l'état le temps de faire ses fonds.

Les honoraires et bénéfices de cette compagnie seroient réglés entre elle et les commissaires de la trésorerie.

Elle pourra faire les fonds par la voie d'actions au porteur.

Au moyen de cette distribution et de l'ordre introduit tant pour le paiement des arrérages que pour le remboursement des capitaux, l'état aura le service de ses dépenses ordinaires et extraordinaires assuré; son crédit se rétablira, parce que tout engagement pris sera strictement rempli.

Le créancier aura la certitude de 2 pour 100 pour l'intérêt de sa rente, sans concevoir aucune de ces inquiétudes de diminution, qu'entraîneroit l'opération proposée par le citoyen Gibert-Desmolières; opération qui, n'offrant point d'ailleurs de caisse d'amortissement, rend nulle la valeur du capital : au contraire trois circonstances peuvent porter le taux de ses intérêts jusqu'à 3 pour 100 (taux supérieur à celui qu'il offre).

1°. Lorsque la dette à liquider n'absorbera pas les 80 millions qui lui sont destinés.

2°. Lorsque les produits excéderont les 500 millions fixés pour les dépenses ordinaires.

3°. Lorsque l'extinction des rentes sera plus que suffisante pour compléter les 108 millions de la caisse d'amortissement.

Indépendamment

Indépendamment de ces avantages, le créancier aura pour dédommagement de la réduction de sa rente, l'assurance absolue du paiement de ses arrérages, et celle du remboursement de son capital, soit en domaines, soit
en écus; mode de remboursement qui ne peut
laisser entrevoir aucune malversation, et doit
en tenir la valeur bien près du pair.

Cette certitude de remboursement est tout
pour le rentier viager, qui ne pouvoit tirer
aucun parti de son capital.

Rien ne s'opposeroit non plus, si on le croit
préférable, à ce que la réduction sur les intérêts, devenue nécessaire par l'impossibilité
d'employer à ce service plus de 168,240,717 l.,
s'opérât au marc la livre entre les intérêts actuels tant de la dette consolidée que de celle
viagère. Alors il faudroit donner aux rentiers
perpétuels un et trois quarts pour 100, et aux
rentiers viagers et pensionnaires 3 un quart
pour 100; ce quart, enlevé aux créanciers perpétuels, paroîtroit peut-être un sacrifice léger
pour chacun; mais la masse sur laquelle le
prélèvement auroit à s'effectuer, étant beaucoup plus forte que celle à laquelle on l'a-
jouteroit, subviendroit, d'une manière plus
facile, au profit de ceux-ci. On leur laisseroit
d'ailleurs toujours l'assurance du remboursement du capital.

J'ai indiqué de préférence la répartition d'un
intérêt égal, parce que le rentier viager et
le pensionnaire trouvent, dans le remboursement du capital, un avantage égal à celui du
rentier perpétuel; faveur que lui refusoit
son titre, et qu'il ne paye que foiblement par
une égale répartition des intérêts.

C

Dans l'un et l'autre cas, en rétablissant la balance entre la recette et la dépense, le contribuable n'est plus exposé à l'arbitraire de nouveaux impôts. Il lui reste, au contraire, l'espoir de voir diminuer ceux actuels, dans une proportion combinée avec les avantages qui résulteront pour les rentiers de l'état de ce nouvel ordre de choses. Alors aucune cause ne le retiendra dans les spéculations que son industrie le rend capable d'exécuter : loin que la publicité de sa fortune puisse devenir préjudiciable à ses intérêts, elle augmentera son crédit.

Les produits de l'enregistrement se multiplieront infiniment par les moyens offerts pour l'extinction de la dette publique; beaucoup de propriétaires, débiteurs de la nation, feront des emprunts pour profiter des avantages qu'ils trouveront à se liquider en effets de la dette publique.

En facilitant la circulation, par le mode de liquidation proposée, le recouvrement des revenus éprouvera moins de retard, l'arriéré s'acquittera avec moins de peine, sur-tout si le conseil adopte, pour statuer sur les réclamations en dégrèvement, des formes simples d'estimation. Le code hypothécaire pourroit aussi devenir utile sous ce rapport.

Les dépenses extraordinaires auroient, par cette consolidation de la dette liquidée et à liquider, un service assuré.

1° La garantie repose tout à la fois sur les domaines de l'état, regardés aujourd'hui comme la seule ressource en cette partie; sur un amortissement, justifié dès à présent de 36 millions, et susceptible de se porter successivement jusqu'à 108 millions; enfin sur la destination de tous les revenus de l'état par premier privilège pour subvenir à ces dépenses.

2°. Le remboursement périodique et décadaire entretient, rappelle forcément la confiance, puisque chaque porteur conserve journellement l'espoir d'y participer; et ceux qui seroient dans le cas d'aliéner, se trouveroient à l'abri de la perte énorme qu'ils supporteroient dans la position actuelle.

Pour un résultat aussi favorable, le gouvernement n'auroit à faire que 3 millions de fonds par mois; il s'en trouveroit indemnisé par une prompte rentrée de ses impôts et leur accroissement.

3°. L'état, pour suffire aux intérêts d'une dette de 8,412,000,000 liv., qui n'étoit avant la révolution que de 3,500,000,000 l., loin d'augmenter la quotité des impôts alors existans, pourroit suffire avec 11,500,000 l. de moins que ce qui étoit annoncé comme nécessaire à l'assemblée législative (1); et si on demande en ce moment 500 millions pour l'acquit des dépenses ordinaires et de celles extraordinaires, ce qui est *augmenter le produit des impôts*, et *non pas les impôts*, de 37 millions au-delà de ce que proposoit le citoyen Gibert-Desmolières, la destination de 36 millions pour une caisse d'amortissement en justifie l'utilité : d'ailleurs le contribuable ne supportera pour cela aucun impôt nouveau; mais

––––––––––––––––––

(1) Rapport du 10 Octobre 1791.

seulemeut *on multipliera la matière imposable*, ainsi que j'en développerai la possibilité dans la seconde partie.

Cette somme de 36 millions, destinée à l'a-
mortissement successif, forme avec celle nécessaire pour l'acquit des arrérages de la dette,
un total de 208,240,717 l. en faveur des créanciers de l'état.

Elle excède de 20 millions celle que le citoyen Gibert-Desmolières comptoit employer
pour eux ; mais j'assure tout à la fois à tous
les créanciers de l'état connus, ou non liquidés, le capital de leur dette, des intérêts certains et progressifs, et au gouvernement un
crédit.

4°. Enfin la dette publique existera indé-
pendante de tous les besoins de la circulation.
Le crédit des particuliers, ainsi que je le démontrerai dans la seconde partie, ne s'en trouvera point altéré, parce que la dette n'emploiera
plus que les capitaux oisifs.

Si le créancier préfère l'acquisition des domaines nationaux, il y a lieu de présumer que
leur valeur sera portée au denier 50, taux de
l'intérêt de la dette. Ainsi l'état profiteroit de
ce concours pour obtenir, au moyen de la réduction à 2 pour 100, trois capitaux un tiers
pour un, comparativement à ce qu'il auroit
eu sur l'évaluation, actuellement autorisée du
denier 15. Le prix de vente de ces domaines,
à raison du denier 50, offre un moyen de libération de 3,150,000,000 livres. Cette somme,
jointe à celles à provenir du remboursement des
rentes mal à propos considérées éteintes, et aux
valeurs des domaines congéables, présente le
tableau d'une caisse d'amortissement de 108

millions. On peut dès-lors calculer le terme du remboursement total.

La dette reconstituée, par la vente à haut prix des domaines, acquerra un gage plus étendu, et la chance des remboursemens en numéraire sera moins divisée et plus considérable.

Dans le cas où les créanciers préféreroient attendre les remboursemens en argent, le gouvernement jouiroit d'un *crédit moral*, d'autant mieux fondé, que les intérêts de *la dette consolidée* seroient susceptibles de prendre un accroissement successif jusqu'à 3 pour 100. Un tel crédit seroit préférable à tous les secours indiqués par les différentes commissions pour suffire aux dépenses extraordinaires, et il ne met aucun obstacle à l'emploi de ces secours.

Tout est en faveur du créancier dans le plan que je propose.

Aujourd'hui il reste impayé de ses arrérages et n'a aucun espoir du remboursement de ses capitaux.

S'il est forcé de vendre, il perd 70 ou 80 pour 100.

Les rentiers viagers et pensionnaires ne trouvent aucun secours.

Les créanciers de l'arriéré perdent 80 pour 100.

Les bons des fournisseurs ne se réalisent qu'à 60 ou 70 pour 100 de perte.

Chacun de ces créanciers conservera dans ce nouveau système pour 100 l. de rente, un capital de 50,000 l. : les intérêts, d'abord réduits à 2 pour 100, pourront être élevés jusqu'à 3, et toujours sans rien retrancher à aucun de son capital originaire.

Objectera-t-on que ce plan ne présente qu'une opération en papier, que l'expérience d'un désastre encore récent fait redouter ? Mais la position est tout à fait différente et ne ressemble à aucune de celles connues : jamais aucun gouvernement n'a présenté à ses créanciers l'alternative *d'un remboursement en domaines nationaux, ou en écus à des époques convenues* et déterminées d'une manière quelconque : or voilà la base de ce plan de finances. Dès l'instant qu'on adopte de nouveaux principes, on doit s'attendre à des résultats autres que ceux du passé ; tout ce qui s'est fait jusqu'à présent ne peut donc fournir un motif de conséquence pour l'avenir.

Préférera-t-on à ce remboursement général la stagnation de tous les paiemens et un nouvel impôt extraordinaire ? Comment le réaliser ? Nous avons devant les yeux la position malheureuse des créanciers de l'état. Qui ne se rappelle, d'un côté, les désastres de l'emprunt forcé, et de l'autre, son peu d'utilité ? Ce seroit achever d'anéantir l'agriculture, le commerce et les arts que de faire usage d'une pareille ressource. Les secours qu'on obtiendroit seroient une véritable calamité. D'après cela, pourroit-on hésiter dans le choix de l'un des deux plans ? Le dernier réaliseroit un mal général ; par le premier, un grand bien s'opère sans faire aucun mal, et il ne faut au gouvernement, pour son exécution, que de la *moralité*.

Craindroit-on que la nation française eût un crédit public qui lui soit propre ? Si nous avons su nous procurer par-tout la victoire par le courage de nos troupes, la vivacité de

leur caractère, et la rapidité de leurs mouve-
mens, pourquoi en finances n'obtiendrions-
nous pas par la moralité, par de nouveaux
principes, et par les opérations rapides qu'ils
feront succéder les unes aux autres, des ressources et un crédit prompt et supérieur à celui
de toutes les autres nations ? moyens qui, se-
condant avec certitude les efforts que font nos
armées, nous donnent l'assurance d'obtenir la
paix et de la maintenir.

Quant aux fournisseurs, il n'en est aucun
qui ne se trouve mieux payé avec ces nouvelles
valeurs, qu'avec celles qu'ils ont reçues jusqu'à présent. La seule chose à craindre pour
eux, c'est que le nouveau mode de payer
n'amène la concurrence, et par cela seul ne
diminue les dépenses de guerre.

Le gouvernement, en adoptant ce mode de
libération, aura amalgamé l'intérêt particulier
avec celui de l'état. D'un côté, celui-ci ne promettra rien qu'il ne puisse tenir, et le créancier dès-lors ne demeurera exposé à aucun
risque ; de l'autre, le créancier verra augmenter ses avantages et le contribuable ses charges
diminuer, à mesure que la prospérité publique
s'accroîtra. C'est alors qu'on pourra se flatter,
comme en Angleterre, d'avoir fait naître le
germe de l'esprit public en faveur des opérations du gouvernement, de manière que
chaque citoyen soit intéressé à les soutenir.

Les valeurs proposées, mises dans la circulation, faciliteront les spéculations en assurant
aux porteurs le moyen d'obtenir des avances
sur le dépôt qu'ils pourroient en effectuer, en

attendant l'époque de leurs remboursemens en argent, ou d'une réalisation en domaines à leur convenance.

Ces secours effectifs alimenteront l'agriculture, le commerce et les arts.

Avant la révolution, les capitaux dus par l'état appartenoient presque exclusivement à quelques personnes dans les grandes villes; on pourroit même dire que la majeure partie des habitans propriétaires de la France n'y participoient en rien : aujourd'hui c'est une dette répartie sur toute la surface; chacun est devenu créancier à raison de la suppression des offices, ou de ses droits sur les émigrés, du passif desquels la nation est chargée. Cette circonstance, que je n'ai encore remarquée dans aucun écrit, me paroît néanmoins devoir être prise en considération. Plus il y aura de citoyens intéressés à maintenir la valeur d'effets qui leur appartiennent, plus la loi qui rétablit cette valeur devra être secondée par l'assentiment public : on peut dire qu'elle intéressera toutes les classes de la société.

On se rappelle que la quotité des effets de la *dette consolidée* pour la liquidation totale seroit de 8,412,000,000 l.; cependant la circulation ne se trouvera pas accrue de toute cette somme, puisque le montant en existe déjà sous plusieurs autres dénominations; mais leur mutation sera plus facile.

L'agriculture, le commerce et les arts, bases fondamentales de la prospérité publique, se revivifieront à l'aide de la circulation facile de ces capitaux : car ce signe libre inspirera une telle confiance, qu'il fera volontairement le service de monnoie.

Peut-être objectera-t-on qu'il y auroit à craindre que l'abondance de ces billets ne procure une hausse dans le prix des marchandises ; mais tout le monde sait que la rareté du numéraire a renchéri l'intérêt de l'argent. Les valeurs de la dette consolidée, en alimentant l'agriculture, le commerce et les arts, multiplieront les productions ; leur abondance amènera la concurrence, d'où nait le bon marché ; et avant que cette nouvelle circulation établisse, par des bénéfices, des capitaux oisifs qui permettent d'acheter les marchandises plus cher, il se passera beaucoup de temps, et les domaines nationaux auront absorbé plus de la moitié de la dette consolidée.

Il semble au contraire que ce concours de moyens doit augmenter pendant la guerre la quantité de productions ou de fabrications, dont l'écoulement se fera par le commerce à la paix : tant que le signe trouvera le moyen d'être occupé, non seulement rien ne renchérira, mais les marchandises diminueront à raison de leur abondance.

On peut seulement présager que la hausse des prix se fera sentir à l'égard des immeubles ; mais cet effet prouvera combien la cause est utile et tient à l'amélioration de l'agriculture qui assure des produits abondans.

Une autre cause devra procurer cette augmentation, lorsque le commerce aura, par ses bénéfices, multiplié les capitaux ; l'intérêt de l'argent baissera et augmentera nécessairement la valeur vénale des immeubles.

Sous ce rapport, le gouvernement, comme propriétaire, a intérêt à ce nouvel ordre de

choses, et ses finances l'exigent impérieusement, puisque ses plus forts produits, ceux du
timbre et de *l'enregistrement*, reposent essentiellement sur la circulation des capitaux et
des immeubles. Plus les premiers se multiplient, plus les derniers augmentent de valeurs,
et enfin plus les produits du timbre et l'enregistrement seront forts. Peut-on d'après cela
douter que les revenus ordinaires suffisent aux
besoins du paiement des arrérages de la dette
et de la caisse d'amortissement ?

Des forêts resteront intactes pour le gouvernement ; il aura en elles un nouveau gage à
offrir s'il se déterminoit à faire un emprunt,
et il seroit possible d'en monter l'administration de manière à assurer la dépense totale des
canaux et du dessèchement des marais, sans
altérer en rien les revenus qu'ils rendent actuellement ; il seroit même possible qu'ils
augmentent.

Je crois avoir démontré par ce plan aux
créanciers de l'état, qu'en demandant 500
millions aux contribuables, qu'en destinant
annuellement 208 millions pour la dette publique, et appliquant tous les domaines et les
autres rentrées extraordinaires au remboursement du capital, c'étoit faire pour eux tout
ce qui étoit possible. D'après cela qui pourroit
donc empêcher une mesure générale ? N'est-ce
pas se tromper, tromper la société et les créanciers de l'état, que de différer plus long-
temps ? N'est-ce pas inutilement faire douter
du salut public ? N'est-ce pas priver la société
de sa tranquillité ? N'est-ce pas aliéner l'esprit
public et le dissoudre, que de ne lui donner

aucun plan qui puisse rassurer les individus ? Enfin, n'est-ce pas vouloir entretenir les mécontentemens, que de ne pas éclairer les citoyens, et de les écarter sans cesse du port où il ne doit plus exister de malheurs ?

Citoyens législateurs, vous avez le salut de l'état en vos mains : pour l'opérer, il ne faut qu'une volonté bien prononcée de le faire ; vous savez ce que commande le salut public.

Avant de finir cette première partie de mon travail, il me reste à indiquer quelques moyens de prévenir les abus dans les dépenses et d'activer l'expédition des affaires dans les bureaux des ministres.

L'intérêt, dit-on, est la mesure des actions des hommes : ce proverbe, dont l'expérience nous prouve tous les jours la justesse, peut devenir un guide sûr dans la réforme des abus.

A l'égard des employés, rien de plus facile que de le réaliser de manière à faire profiter l'état.

Il est un principe en administration bien connu : créer peu de places, mais les confier à des hommes probes et instruits. On ne détermine ceux-ci qu'en leur accordant des appointemens suffisans pour les dispenser de se livrer à des entreprises particulieres et leur rendre inutiles d'autres moyens d'existence.

Dans un pays sur-tout où les opinions se dirigent vers le commerce, les salaires des fonctionnaires publics doivent être calculés de manière à leur offrir autant d'intérêt dans l'exercice des places du gouvernement qu'ils en auroient à faire un commerce borné.

En Angleterre, en Hollande, dont tout le peuple est commerçant, les appointemens des fonctionnaires publics sont portés fort haut : sans cette précaution, ils en manqueroient.

Pendant la révolution, et jusqu'à présent, la diminution de la dépense des bureaux ministériels a dépendu du plus ou moins d'intelligence de chaque ministre : ne seroit-il pas plus simple et plus utile pour l'état d'établir un autre procédé ? Par exemple, proposer à chaque premier commis de faire le service de ses bureaux au rabais, en lui laissant le choix de ses commis ; arrêter avec le ministre la réduction que l'état actuel comporte, et ensuite accorder au premier commis la remise à son profit du quart des places qu'il rendroit inutiles ? L'état y gagneroit encore les trois-quarts de la dépense des places supprimées de nouveau ; il auroit simplifié son travail. Le public qui auroit affaire à lui seroit sûr de voir, pour l'expédition de ses affaires, les formes se simplifier et conduire à un terme plus voisin.

Les suppressions d'employés, que ce nouveau régime dans les bureaux occasionneroit, feroient refluer dans le sein de la société des citoyens intelligens qui emploieroient leurs talens à multiplier l'industrie. Nous ne sommes plus au temps où la force du gouvernement sembloit reposer sur la quantité de ses salariés.

On se plaint avec raison de la lenteur qu'on éprouve à faire verser les fonds des caisses particulières dans celles du gouvernement : cette négligence tient à l'intérêt des percepteurs.

1º. Comme ils n'ont fourni aucun cautionnement, le retard de leurs versemens est pour eux sans danger.

2º. Leurs appointemens sont fixés, et nullement proportionnés à la célérité qu'ils mettroient pour le versement de leurs fonds dans le trésor public : dès-lors, point d'intérêt pour le faire ; d'ailleurs, la facilité de jouer sur des fonds de caisse les en détourne.

3º. Ils ne sont astreints au versement d'aucune somme fixe chaque mois ; et personne n'a le droit habituel d'inspecter leurs caisses ; la disponibilité est pour eux sans danger.

Pour rémédier à ces abus,

1º. Leur demander un cautionnement.

2º. Fixer leurs appointemens ou remises en raison du plus ou moins de célérité qu'ils mettront à faire rentrer le revenu dans la caisse générale.

3º. Exiger des versemens périodiques, et leur allouer une remise en cas d'anticipation sur le délai.

4º. Ordonner une vérification de leurs caisses, et un bordereau de situation à toutes requisitions.

Par rapport à la fixation de leur traitement, ce seroit la matière d'un nouvel examen.

Le trésor public ne tarderoit pas à voir ses recouvremens plus rapides.

Si le corps législatif, après avoir déclaré qu'il n'y aura jamais *de papier-monnoie*, peut se pénétrer de l'utilité de convertir toute la dette en billets au porteur, l'organisation des bureaux de la dette publique le simplifie : ainsi premier bénéfice. Mais la rapidité avec laquelle se feroient alors toutes les opérations de la circulation, en donneroit un second, plus important; car la multiplicité des affaires augmenteroit ses impôts indirects.

L'espoir d'un léger droit d'enregistrement sur le transfert des inscriptions, ne compense pas les inconvéniens de la lenteur de la circulation, puisqu'en l'arrêtant on fait perdre l'occasion de terminer des affaires qui lui auroient fourni des droits beaucoup plus considérables.

D'ailleurs l'état, en réduisant la dette au taux devenu nécessaire pour établir l'équilibre des recettes avec les dépenses, aura assez gagné, pour l'alléger de tous autres frais; autrement cette charge tourneroit à son propre discrédit.

A l'égard des avances que le gouvernement est dans l'usage de faire pour encourager de nouvelles entreprises, elles doivent se réduire à celles qui peuvent accélérer son service; dans ce cas, comme il est le plus grand consommateur, il a le plus d'intérêt à la réussite. Je place au rang de ses entreprises l'extraction des bois de marine, les chemins et les canaux qui la facilitent, l'importation des matières nécessaires à l'approvisionnement de ses magasins et de ses arsenaux : hors ces cas, l'état s'expose à être dupe en avançant des fonds à des fabriques pour en encourager la création, sur-tout lorsqu'il aura (ainsi qu'il le peut, et que je le démontrerai dans la seconde partie de ce travail) procuré à toutes les classes industrieuses les moyens d'obtenir les fonds qui leur sont nécessaires, à un très-bas intérêt. Car de deux choses l'une, ou l'objet est lucratif, et alors les fonds à employer procureront des bénéfices suffisans pour indemniser des avances, alors nul besoin d'encouragement; ou l'objet ne présente pas de bénéfice, et alors il est à charge et inutile à la société.

L'Angleterre à cet égard nous sert d'exemple: elle ne donne jamais aucun fonds pour créer des fabriques, elle borne ses soins à donner des primes dans les cas que je viens d'indiquer.

Les abus reconnus dans le service des fournisseurs exigent la plus sévère attention.

Les revenus de l'état, ses ressources extraordinaires fondées sur une caisse d'amortissement, étant une fois assurés, l'état ne doit ordonner aucune dépense ordinaire ni extraordinaire qu'il ne puisse remplir à l'instant.

Cette base posée, tout porte à croire que les dépenses du gouvernement relatives aux fournitures ne seront calculées avec sûreté qu'autant qu'on chargera une administration de faire les commandes.

L'administration ne pourroit faire faire les fournitures que par adjudication au rabais.

Un jury recevroit les marchandises, constructions, bâtimens, d'après les marchés faits au rabais; et les fournisseurs ne seroient payés qu'après cette réception.

Un tribunal jugeroit les contestations entre les fournisseurs et l'administration, et entre celle-ci et le gouvernement.

L'état seroit sûr d'éviter non-seulement toutes les dilapidations des fournisseurs, mais aussi d'être servi sans aucun retard, puisque cette administration auroit intérêt de subvenir à toutes les commandes : d'un autre côté, les fournisseurs auroient plus d'empressement à faire le service, parce que le jury et le tribunal leur offriroient une garantie, qu'en exécutant fidèlement leurs marchés, ils ne deviendroient pas victimes des agens subalternes du ministre.

Une des causes du malheur public, la plus réelle et la moins apparente, c'est la stagnation qui existe dans les bureaux ministériels, et principalement dans ceux du ministère des finances : telles affaires qui pourroient être expédiées en huit jours, ne le sont pas en un an.

Cette manière de travailler discrédite nonseulement le gouvernement, et ne le fait bonifier en rien, mais encore elle gêne toutes les opérations particulières, et ralentit le recouvrement de toute espèce d'impôts. Il me semble qu'il seroit facile d'introduire dans le bureau des ministres, pour toutes les affaires qui sont en arrière, un moyen simple d'allégement, qui satisferoit le public, et éclaireroit le corps législatif sur les loix à rendre pour dégager la marche du gouvernement de toute entrave.

La correspondance du ministre se diviseroit en deux parties, l'une *positive* et l'autre *négative*.

Celle *positive*, soit que le ministre accorde ou refuse, seroit faite en citant la loi qui l'autorise.

Celle *négative* se borneroit à annoncer l'insuffisance de la loi pour statuer sur la demande.

Les dossiers de cette dernière correspondance

dance passeroient dans un autre bureau, chargé de présenter, chaque mois, l'extrait de toutes les affaires, avec un projet qui pût en faciliter l'expédition.

Le ministre le reviseroit, et y mettroit son attache ; les commissions du conseil des 500, à mesure qu'elles s'occuperoient d'une partie, se procureroient le travail, et présenteroient au conseil les lois devenues nécessaires.

Celles-ci auroient, dans toutes les parties d'administration, des travaux élaborés.

Avec cette méthode, en moins d'un an ou de 18 mois, il y auroit des lois organiques suffisantes pour ne laisser aucune affaire en souffrance.

Cette manière d'opérer mettroit de l'harmonie entre les pouvoirs constitués.

La correspondance du ministre seroit alors si simple, qu'il pourroit facilement vaquer à l'examen des plans d'amélioration de son ministère.

Le bien que le public recevroit de cette mesure est incalculable, par l'économie d'un temps qu'il emploieroit utilement à ses affaires.

Il ne me reste plus à traiter que ce qui concerne l'impôt, sa répartition, et les moyens d'en assurer et d'en activer le recouvrement : tel est l'objet de la seconde partie de mon travail.

J'ai annoncé, au commencement de cet ouvrage, que la mauvaise répartition de l'impôt devenoit chez tous les peuples la cause de la décadence des finances. Il importe donc essentiellement de former sur ce point une opinion sage et bien prononcée.

D

Dans un pays agricole et commerçant, les revenus se composent principalement d'impôts directs et indirects.

J'ai démontré que les impôts ne pouvoient excéder en France la somme de 5oo millions. En adoptant cette première base de fixation, un grand bien sera déjà fait ; car dès ce moment les contribuables connoîtront le terme de leurs charges : ils sauront qu'une bonne gestion dans les finances doit leur profiter, et qu'une sage répartition qui porteroit les produits au-delà de la somme fixée pour les besoins, leur assure un dégrèvement.

Pour bannir toute inquiétude et prévenir les objections, il falloit commencer par justifier la possibilité du service avec cette somme : c'est ce que j'ai fait en prouvant qu'elle suffiroit pour rétablir la balance entre la recette et la dépense, et assurer aux créanciers de l'état l'acquit de leurs arrérages et le remboursement de leurs capitaux.

Le moyen d'exécution préférable, m'a paru être de considérer *les impôts indirects comme la base principale des revenus de l'état, et l'impôt direct, seulement comme un secours subsidiaire.*

Il doit en résulter pour la société un avantage sensible. En soulageant les charges de l'agriculture, ses produits exciteront des progrès. Les matières premières qu'elle livre à l'industrie et au commerce, deviendront plus abondantes et à meilleur marché ; dès-lors celles-ci accroîtront, et la quotité de la somme à percevoir, se prélevant sur une masse plus considérable, deviendra moins onéreuse pour le contribuable.

Ainsi, sans multiplier les impôts indirects, on en augmenteroit les produits.

Les principes sur lesquels tous les publicistes s'accordent en matière d'impôt, sont connus : ils se trouvent rédigés dans un auteur italien d'un grand mérite, dont l'ouvrage est intitulé : *Réflexions sur l'économie politique.*

1°. De ne jamais les faire tomber immédiatement sur la classe des pauvres.

2°. De choisir la forme qui entraîne le moins de dépenses possibles pour la perception.

3°. De déterminer tout ce qui peut y être relatif, par des lois claires, précises, observées impartialement et sans distinction à l'égard de tout contribuable.

4°. De ne les jamais exiger sous une forme qui augmente directement les dépenses du transport des marchandises dans l'intérieur de l'état, ou qui mette immédiatement une barrière entre le vendeur et l'acheteur.

5°. De ne point en augmenter le tarif à mesure des progrès de l'industrie, dans la crainte d'étouffer l'émulation, je dirai même une louable ambition.

Telles sont aussi les règles qui vont être suivies dans l'exposition de ce travail.

Les deux natures d'impôts se subdivisent, savoir, ceux indirects dans le produit,

1°. Du timbre,
2°. De l'enregistrement,
3°. Des douanes,
4°. Des patentes,
5°. Des postes et messageries, affinage, etc.

Ceux directs consistent,

1°. Dans la contribution foncière,

2°. Dans la contribution mobiliaire et somptuaire.

Je ne parle point des domaines possédés par une nation, parce que l'espèce de revenus qu'ils procurent ne ressemble en rien à ceux de l'impôt.

Avant d'examiner plus particulièrement les questions, il n'est pas inutile de rappeler ici une vérité reconnue en économie politique, c'est que l'agriculture, le commerce et l'industrie n'existent, n'opèrent, ne produisent et ne s'étendent qu'à l'aide des *capitaux réels* ou fictifs qu'ils emploient ; plus ils en occupent, et plus ils ont d'extension, et plus aussi ils cumulent de richesses.

Les capitaux de la circulation sont donc de fait le principe moteur, la source féconde des nations civilisées. Comment, par une conséquence naturelle, ne seroient-ils pas ceux des revenus de l'état ?

Si on regarde comme un principe incontestable que l'impôt doit être pris à la source des productions, afin d'obtenir une meilleure répartition, plus de doute que l'impôt doive être réparti principalement sur les capitaux réels ou fictifs, et que seulement à leur défaut on doit recourir à toute autre matière imposable.

L'impôt *indirect du timbre* repose essentiellement sur la circulation des capitaux réalisables d'une place sur l'autre par la voie des effets de commerce. Il s'accroît par la multiplication des spéculations : ainsi, tout ce qui tend à vivifier celles-ci, est une source de produits.

Cet impôt prend également de l'extension lorsque l'abondance du numéraire, en en maintenant l'intérêt à un taux modéré, occasionne plus de produits bruts et manufacturés.

Cet impôt offre d'ailleurs la certitude d'une répartition juste, et pour ainsi dire volontaire; il n'atteint le négociant que dans les engagemens qu'il contracte, et sur lesquels il a calculé un bénéfice.

D'après ces vérités reconnues, le législateur ne doit-il pas multiplier le plus possible les produits de cet impôt, en facilitant les moyens d'*augmenter la matière imposable?*

L'impôt de l'*enregistrement* repose également-ment de fait sur des capitaux ; car tous les actes qui y sont soumis, en sont le signe représentatif, sous une forme autre que celle de la lettre de change.

Cet impôt devroit son accroissement à l'opinion que les citoyens attacheroient à l'avantage de devenir propriétaires, à la sûreté qu'ils trouveroient dans l'emploi de leurs fonds: plus l'argent, ou le signe fictif, se multiplie, plus la perception du droit augmente, parce que l'accroissement des capitaux procure d'un côté la baisse de l'intérêt de l'argent, et de l'autre la hausse de la valeur des immeubles.

Une loi qui en assurant les conventions, dirige l'intérêt de l'argent vers la baisse, fait hausser la valeur des immeubles, et opère une rapide mutation des signes et des choses, procureroit donc une plus forte rentrée de produits à cet impôt.

Cet impôt a, comme celui du timbre, l'avantage d'une perception moins onéreuse pour les citoyens, et plus lucrative pour le trésor public ; et il ne porte réellement que sur les capitaux.

Les droits de *douane* existent aussi sur les capitaux, puisqu'ils se prélèvent sur les marchandises. Plus les marchandises nationales se multiplient et augmentent la masse des échanges, et plus elles produisent : car cette activité commerciale procure dans la même proportion l'importance des marchandises étrangères dans nos ports et villes frontières pour solder l'exportation des premiers.

Quoique le moyen utile pour les deux autres impôts donne les mêmes résultats pour celui-ci, cependant il est des précautions et des principes nécessaires à appliquer, pour mettre la nation à même de tirer tout le parti possible de ces droits, en évitant de laisser aux autres nations l'occasion d'avoir des avantages supérieurs aux nôtres, précautions tout à la fois politiques et utiles au fisc.

Ce seroit, 1°. *d'établir les impôts dans une proportion relative avec ceux que nos marchandises payent chez les autres nations ; 2°. de faciliter, aux moindres frais possibles, la communication entre les vendeurs et les acheteurs.*

En conséquence les droits du tarif varieront pour chacune des nations avec lesquelles nous sommes en relation de commerce, et seront comparés à ceux qu'elles prélèvent sur nos marchandises.

De plus, il seroit à desirer que chaque port et ville frontière eût des *entrepôts francs,* où les marchandises pussent être déposées sans payer aucun droit, sauf à les exiger seulement lorsqu'elles seroient expédiées pour l'intérieur du territoire.

L'exemple de l'Angleterre démontrera la nécessité de cette mesure.

Chez cette nation , on paye de très-forts droits d'entrée ; mais on fait des remises considérables lors de la sortie des marchandises. Le négociant ou manufacturier, qui, lors de l'importation d'une matière, a payé 20 pour 100 , obtient, s'il la réexporte ouvrée, une restitution de 17 pour 100, en rapportant dans les six mois l'acquit à caution justificatif de la vente à l'étranger : il ne reste donc à l'état sur les 20 pour 100 de droits d'abord perçus à l'entrée , que 3 pour 100, plus les intérêts de l'excédent restitués jusqu'au moment où le remboursement s'en effectue, et dont le bénéfice peut être évalué aussi à 3 pour 100 : la perception équivaut en conséquence à 6 pour 100.

Toute marchandise pareille qui auroit payé chez une autre nation au-delà de 6 pour 100 , ne pourroit devenir pour le négociant de cette dernière nation un objet de spéculation , susceptible de soutenir la concurrence avec la nation anglaise ; c'est par des calculs ainsi combinés que ce peuple parvient à assurer la prospérité de ses relations.

Si nous modérions nos droits dans la proportion de ceux qui , d'après le mode qui vient d'être expliqué , doivent seulement rester en définitif au trésor public, en rétablissant l'avantage de la concurrence en notre faveur, notre commerce auroit en outre sur celui de l'Angleterre les bénéfices suivans :

1°. De ne point avancer les autres 14 pour

100, et d'avoir par conséquent besoin de moins de capitaux.

2°. De pouvoir, lors de la vente, ne pas exiger l'intérêt de cette différence, et donner la marchandise à meilleur marché.

Alors cette nation rivale sera exposée ou à voir diminuer ses droits actuels de douanes, et à nous en laisser le bénéfice à raison de notre débit, ou si elle conserve son tarif, à le voir sans produit.

Dans aucun cas, il n'y auroit de fraude préjudiciable aux finances et au commerce à craindre.

D'après le mode proposé, aucun intérêt n'engageroit les contrebandiers, ainsi que cela arrive en Angleterre, à faire rentrer plusieurs fois les mêmes marchandises pour obtenir des remises à la sortie; abus qui renouvelle souvent la même remise de 17 pour 100 sur des objets identiquement les mêmes : d'un autre côté, les droits réduits à 6 pour 100 n'offriroient pas assez d'intérêt pour exciter la fraude à l'entrée.

A l'égard du commerce, il ne sera pas exposé, comme en Angleterre, à voir vendre au rabais les marchandises, qui après être rentrées en fraude, peuvent se livrer à meilleur marché; d'où résulte un grand préjudice pour les autres, et un découragement des fabriques.

La même observation du tarif comparé s'applique pour un cas différent. Certains objets appartiennent pour ainsi dire exclusivement à une nation, à raison de son site ou de l'industrie particulière de ses habitans; alors on peut, par politique, user de réciprocité, en établissant sur les marchandises et matières premières d'un crû étranger, un droit égal à celui que la nation avec laquelle nous commerçons, exigera sur la sortie d'autres marchandises ou matières premières qui lui sont plus particulièrement propres.

Ainsi, que l'Angleterre mette 20 pour 100 sur les vins, les huiles, les soies, exigeons des droits équivalens sur les marchandises qui existent préférablement chez eux, quoiqu'en plus petit nombre et de moindre valeur, comme l'étain, le plomb, le cuivre, et nous aurons balancé autant que possible les désavantages.

Enfin, sur les marchandises entreposées qui payent en Angleterre jusqu'à 7 et demi pour 100 de droits, balançons chez nous cet avantage par des *entrepôts francs*, et ne faisons payer les droits qu'à *l'entrée effective* dans la république.

Alors les étrangers préféreront nos ports à tous ceux de l'Europe dans lesquels ils ne trouveront pas le même avantage. Cette mesure de la part du gouvernement attirera dans nos places de commerce tous les étrangers ; elle multipliera chez nous les vendeurs de marchandises étrangères, et les acheteurs pour les nôtres.

Le commerce, ainsi rapproché par *les entrepôts francs*, ne nécessiteroit d'autres capitaux que ceux utiles à la *solde définitive* des diverses spéculations ; et avec moins de capitaux on feroit, par le rapprochement des vendeurs et des acheteurs, un commerce plus étendu.

La fraude deviendroit impraticable, lorsque les marchandises déposées sans aucun droit dans les entrepôts, n'en sortiroient qu'au moyen de l'acquit des modiques droits auxquels elles seroient imposées.

Ces quatre principales bases établies, mais

variant en plus ou en moins selon les droits fiscaux des nations avec lesquelles nous sommes en relation de commerce, nous aurons obtenu par notre système de douane pour le *fisc* et *politiquement pour notre commerce*, tout le degré possible d'utilité; ce régime déjouera toutes les combinaisons de nos voisins, et notamment de l'Angleterre; nous profiterons, pour augmenter les revenus, des erreurs des autres nations, en attendant que tous les peuples éclairés sur la vraie prospérité de leur commerce et de leur navigation, conviennent unanimement d'une franchise respective pour leurs marchandises dans tous les ports.

Après avoir démontré les moyens de faire profiter l'impôt indirect, considéré dans ses diverses branches, les raisons, pour en faire le principal revenu public, et ne considérer l'impôt direct que comme supplément, se font sentir aisément. D'abord personne ne niera que celui-ci soit insuffisant pour subvenir aux dépenses, puisqu'ils ne produisent point au-delà de 288,500,000 liv., y compris les sous additionnels, et que l'état a besoin de 500 millions de revenus.

Or, puisque l'idée d'un impôt unique sur les terres ne présente point un résultat satisfaisant, il est préférable de choisir celui qui offre la certitude d'une extension facile et nullement grevante, sur-tout lorsque, dans notre position actuelle, la contribution foncière ne s'établit que par une répartition arbitraire d'après des revenus présumés.

D'ailleurs les impôts indirects dont il vient d'être parlé ne préjudicieront en rien à l'agriculture, au commerce, à l'industrie, tandis

que si on reportoit la quotité sur l'impôt foncier, l'agriculture se trouveroit surchargée, et
bientôt nous serions sans commerce et sans industrie. Consultons aussi les idées existantes,
Chaque propriétaire trouve plus de difficulté
à payer directement et en masse son impôt
que de l'acquitter en différentes parties. Tout
l'art, je le répète, consiste à empêcher que les
frais de perception ajoutent à la masse à
solder par chacun.

Les impôts dont il vient d'être parlé, reposent tous sur les principes précédemment ci-
tés, leur extension ne peut qu'être utile à la
société.

Il ne me reste à parler que des moyens par
lesquels on peut rendre efficace cette mesure,
en multipliant *la matière des impôts indirects*
sans en établir aucun nouveau, de manière à
assurer les *revenus ordinaires*, tant en temps
de *guerre* qu'en temps de *paix*, et à pouvoir
diminuer les impôts fonciers.

Il me reste aussi à déveloper par quel moyen
l'état, sans augmenter les impôts, peut en
accroître les produits. Il est une vérité en finance, c'est que, *pour que chacun puisse
payer un impôt, il faut qu'il ait ou qu'il
gagne de quoi y subvenir;* et cette faculté
n'existe qu'autant que les capitaux en circulation suffisent aux besoins de l'industrie; c'est
de cette faculté pour tous les citoyens que
naissent les richesses d'une nation.

Il est également reconnu que l'aisance et
la prospérité des peuples augmentent, ou di-
minuent, à raison de la rapidité et de l'étendue
de la circulation du signe *réel* ou *fictif* : ils

obtiennent le plus grand bien , lorsqu'elle se fait aux moindres frais possibles. La Hollande et l'Angléterre nous servent à cet égard d'exemple.

Mais aussi cette rapidité dans la circulation ne peut s'obtenir que par *une sûreté absolue dans les conventions* , principe sur lequel repose *le crédit public et particulier.* La nation où cette sûreté sera la mieux établie, deviendra le peuple le plus puissant; l'agriculture , le commerce et les arts fleuriront.

Un gouvernement donne la sûreté desirable, lorsqu'il convainc de sa *moralité*, qui ne lui permettroit pas de s'écarter des engagemens par lui contractés.

A l'égard des citoyens , il faut que des loix sages et prévoyantes facilitent la démonstration continuelle d'un gage susceptible d'écarter même toute méfiance contre le défaut de moralité.

Il ne suffit pas d'avoir démontré dans la première partie de cet ouvrage, que le crédit public ne se consolideroit que par l'établissement d'une caisse d'amortissement, qui justifie aux créanciers sur quoi il repose. La méfiance renaîtroit, si on doute des moyens de satisfaire aux dépenses ordinaires par une rentrée exacte des impôts.

Après avoir précédemment établi que les différents impôts , qui composent les revenus de nos finances , dépendent pour leur progression *de la rapidité de la circulation et de la baisse de l'intérêt de l'argent*, et celle-ci *de la sûreté absolue donnée aux conventions*, tous mes efforts doivent tendre à procurer

les moyens d'exécution pour obtenir ces résultats avantageux, tant pour la prospérité
du gouvernement, que pour celles de tous
les citoyens qui composent le corps politique.

Qu'on ne soit donc pas étonné si je m'ap-
pesantis sur ces trois objets : je les regarde
comme les principes moteurs de tout systême
de finances.

La commission des finances, d'après le rapport du citoyen Threillard, a cru que les produits de chacune des parties qui composent les
revenus publics, étoient insuffisans, puisqu'elle
propose, non-seulement de les maintenir tous,
mais encore d'y suppléer par des impôts nouveaux, tels que ceux de la loterie, des bar-
rières sur les routes : il est également ques-
tion des droits sur le sel et sur le tabac,
ou d'établir un monopole sur ces denrées au
profit de l'état ; enfin les droits d'entrée dans
les grandes villes sont présentés comme nécessaires.

Avant d'employer ces nouvelles ressources,
plus ou moins nuisibles au public, dont les
produits particuliers se nuiroient les uns aux
autres, puisque la masse de la société ne peut
fournir qu'une quantité déterminée d'impôts,
tâchons que les impôts actuels, à l'aide de
moyens actifs et sages, qui existent déjà, et qu'il
est facile d'étendre, subviennent aux besoins ;
examinons si le déficit éprouvé pour compléter les revenus ordinaires, n'est pas causé par
*la stagnation où est restée la circulation,
et par son défaut habituel de moyens d'exten-*

sion, plutôt que par l'insuffisance de chaque impôt en particulier.

Le grand art en finances n'est pas de mettre des impôts pour avoir des revenus, puisque rien n'est si facile que de les créer; il consiste à n'établir que ceux qui ne sont pas arbitraires, et à les rendre productifs sans nuire aux contribuables, soit dans l'intérieur, soit à l'étranger, relativement aux relations commerciales.

Si les bonnes finances font la force des empires, ce n'est que dans le sens seulement que les revenus se perçoivent avec plus d'utilité, ou moins de désastre, pour chaque peuple pris comparativement avec les autres nations, et qu'on évite toutes dépenses superflues en administration : ce dernier moyen est même plus essentiellement lié au bon ordre des finances que l'accroissement des revenus.

D'après cette vérité reconnue, le législateur doit faire tout ce qui dépend de lui pour multiplier la *matière imposable*, c'est-à-dire faciliter l'extension du numéraire *réel* ou *fictif* dans la proportion des besoins, par conséquent en accélérer le mouvement, puisque les capitaux sont la base des impôts actuels, et sont les seuls moyens qui peuvent, en enrichissant les citoyens, augmenter les impôts, et par le système de répartition, diminuer progressivement chacun.

Dès qu'on sera parvenu à multiplier les objets sujets à l'impôt indirect, le législateur aura obtenu un moyen plus sûr pour soulager l'impôt direct; ceci encouragera la culture des terres, fournira au commerce et à l'industrie des ressources infinies, et assurera les revenus de l'état.

Déjà la société posséderoit par une loi *la sû-reté absolue des conventions*, si on n'étoit parvenu à en paralyser l'effet : ces avantages précieux se trouvent dans le code hypothécaire, décrété le 9 Messidor de l'an 3.

Les préventions qu'on a suggérées contre cette loi, faute de l'avoir étudiée, nécessite d'entrer dans quelques détails sur les avantages qui en résulteront. Ici l'expérience parle : un pareil régime existe chez plusieurs peuples de l'Europe, et y fait la base de leur prospérité.

L'agriculture, le commerce, l'industrie, les arts et la navigation, ressentent également les besoins, non seulement d'encouragement et de perfection, mais aussi d'une existence qu'ils ont pour ainsi dire perdue. Jusqu'alors la circulation avoit obtenu des capitalistes et du crédit attaché à la confiance dont les commerçans jouissoient, un aliment suffisant pour tous les genres de spéculations utiles. Restreinte aujourd'hui par la rareté du numéraire, qui rend nul tout crédit pour les commerçans, une telle position doit empêcher la confiance de renaître. Il faut une solidité plus imposante, si je puis m'exprimer ainsi, que celle qui suffisoit autrefois, pour y garantir et multiplier les transactions.

Le peuple Français épie le moment de sortir de l'état de stagnation où il est retenu par le défaut de ressources. La volonté devance ses moyens, mais il faut qu'on lui en laisse les moyens.

Il est une autre nature de richesses impérissables que les destructeurs de tous genres n'ont pu atteindre ; ceux qui la possèdent ont nécessairement des intérêts indivisibles de ceux de la nation entière ; cette richesse est la propriété foncière : ceux qui la possèdent peuvent, en offrant, à l'aide du *code hypothécaire*, une garantie entière pour la *sûreté absolue des conventions*, restaurer et rétablir le crédit public.

Locke, *dans ses considérations sur les effets de l'abaissement de l'intérêt de l'argent, et sur l'augmentation de la valeur des espèces*, dit : « C'est une vérité indubitable que le pos- » sesseur de terre est le plus intéressé à l'état » du commerce, et qu'il doit se donner plus » de soin pour que le commerce soit bien con- » duit, que le marchand lui-même..... » ; et il ajoute : « Lorsque la décadence du com- » merce aura emporté hors de la nation une » partie de l'argent de nos propriétaires de » terres, et que l'autre partie se trouvera entre » les mains des marchands et de nos commer- » çans, tous les biais que ces premiers pour- » ront prendre, ou tous les petits artifices qu'ils » pourront mettre en usage pour faire entr'eux » des échanges de leur propre, ne leur feront » jamais revenir leur argent ; mais au con- » traire, leurs biens tomberont, leurs revenus » diminueront de plus en plus, jusqu'à ce » qu'une industrie et une *frugalité générale*, » jointes à *un commerce bien réglé*, redonnent » peu à peu à la nation les richesses qu'elle » aura eu auparavant ».

Remettre sous les yeux des propriétaires la loi qui établit *la sûreté absolue des conventions*, établir cette *frugalité* que Locke indique par la réduction des frais de leur circulation, en en accélérant la rapidité, tel est le but que je me suis proposé.

La manière dont le citoyen Gibert-Desmolières

lières a parlé du nouveau code hypothécaire, en allant jusqu'à dire qu'il le croit *dangereux* pour une république, nécessite que j'en donne une idée succinte.

Par le nouveau code, les facultés du propriétaire et la sûreté du créancier reposeront sur un seul principe, LA PUBLICITÉ DE L'HYPOTHÈQUE.

Ce principe fournit *la sûreté absolue des conventions*, qui elle-même opère *la baisse de l'intérêt de l'argent, et la rapidité de la circulation*, sur laquelle tous les impôts, et notament ceux *indirects*, s'établissent plus facilement.

Cette loi a trois parties distinctes :

1°. L'inscription des créances.

2°. La faculté d'une estimation officielle des immeubles.

3°. La cédule.

L'INSCRIPTION des créances assure le rang de l'hypothèque aux créanciers ; elle rend le *stellionat* impossible, elle dégage notre législation des formes dévorantes des saisies réelles ; par elle, l'acquéreur obtient un moyen simple de consolider sa propriété, et de connoître, au moment même du contrat, les charges de l'immeuble qu'on lui transmet.

La faculté de L'ESTIMATION OFFICIELLE D'IMMEUBLES tranquillise le prêteur, et en multiplie dès-lors le nombre, dans la proportion des capitaux existans : le propriétaire n'est plus entravé par l'impossibilité de justifier la solvabilité dont dépend son crédit ; alors l'agriculture, le commerce et l'indus-

trie profitent de tous leurs moyens d'agrandis-
sement.

La CÉDULE seroit un acte officiel, un effet
qui auroit les qualités utiles de toutes les conventions, transmissibles comme une lettre de
change par la voie de l'endossement. Le caractère de sûreté inaltérable qu'elle porte, main-
tient le crédit du propriétaire à un taux d'es-
compte égal sur toutes les places : c'est à l'aide
d'une pareille sûreté que s'opère la baisse de
l'intérêt de l'argent, et que s'établit la circulation active du signe représentatif des choses.

Telle est la loi que le citoyen Gibert-Desmolières propose de rejetter, dont il n'admet
l'exécution pour aucune partie, et dans laquelle il trouve beaucoup d'inconvéniens.

Cependant chacune de ces parties feroit une
loi complette; l'adoption de l'une ne nécessite
point celle de l'autre, de même que le rejet
de l'une ne nuiroit point au succès de celles
qui seroient jugées avantageuses.

Si l'expérience doit être de quelque poids,
celle de la Belgique, et des départemens li-
mitrophes, où *le nantissement* est en pratique,
deviendroit un sûr garant des avantages à se
promettre.

C'est aux effets de ce système que la Hollande et les départemens de la Belgique qui
l'avoisinent, doivent le bas intérêt dont ils
jouissent, avec lequel ils ont obtenu l'état florissant de l'agriculture, du commerce et des
fabriques.

Les députés de ces départemens réclame-
ront contre une innovation dangereuse, qui
doit anéantir leur prospérité. Comment se per-
suader enfin *que la sûreté absolue des con-*

ventions ou la bonne foi soit contraire à l'esprit républicain et à sa constitution ?

De tous les temps les législateurs sages ont reconnu non-seulement l'importance de la circulation facile des capitaux, mais même que plus elle étoit rapide, plus l'intérêt en étoit bas, et plus aussi toutes les parties actives d'un état prenoient d'extension et obtenoient de prospérité.

Aussi plusieurs ont-ils cherché à les mettre en activité de la manière là moins onéreuse aux peuples qu'ils gouvernoient. Les moyens différens employés par chacun ont été plus ou moins défectueux.

Moïse crut arriver à ce but, et donner aux capitaux une circulation facile en faveur des juifs, en prohibant l'usure entre eux, et en la tolérant vis-à-vis des autres peuples: cette dernière faculté eut l'effet de priver les juifs des capitaux que leurs possesseurs trouvoient à placer utilement ailleurs.

A Athènes, Solon fit placer de petites colonnes dans les champs, sur lesquelles étoient inscrits les prêts faits aux propriétaires, afin de fournir aux prêteurs une hypothèque sûre, et de faire circuler les capitaux ; convaincu que le commerce se soutenoit mieux par ceux qui prêtent que par ceux qui empruntent, on vit punir de mort un citoyen, fils d'un Athénien, qui avoit commandé les armées, parce qu'ayant emprunté de grandes sommes, il n'avoit pas fourni des hypothèques suffisantes: Ce peuple attachoit tant de prix à la célérité des affaires, ou a éviter qu'il y eût des entraves, que Xénophon proposoit d'ajouter des récompenses pour les juges qui termineroient le plus promptement les contestations portées à leur tribunal (1). Le systême hypothécaire, d'après ces principes, peut-il être dangereux pour une république ?

L'église exigoit que par charité chrétienne les riches prêtassent leurs capitaux sans intérêt ; mais bientôt on sentit la nécessité de modifier cette règle, et on autorisa la stipulation des intérêts lorsque les capitaux seroient aliénés ; demi-mesure qui laissa toujours subsister l'intérêt fort cher.

La France, après avoir été dirigée long-temps par l'opinion des ecclésiastiques sur le prêt à intérêt, reconnut enfin l'utilité d'une circulation rapide pour les capitaux ; des 1622, et depuis à différentes époques, des lois ont fixé le *taux légal* de l'intérêt. A chaque époque où il fut diminué, la circulation devint plus facile, l'agriculture, le commerce et les arts prirent plus d'extension : la révolution seule a amené, comme à Athènes, la stipulation libre des intérêts : chez ces républicains, les banquiers étoient vus avec plaisir, par l'espoir qu'au moyen de la concurrence, ils accéléreroient la rapidité de la circulation des capitaux, et procuroient le bas intérêt de l'argent (2).

L'Angleterre nous a devancé sur la tolérance de l'intérêt et sur l'abolition de toutes lois qui en fixent le taux. Elle a été la première nation qui ait osé le réduire au plus bas ; c'est elle qui l'a successivement diminué à 3 pour 100 pour la dette publique, ainsi

---

(1) Anacharsis, chap. du commerce des Athéniens.

(2) *Idem.*

que le prouvent les débats qui eurent lieu au parlement en 1737. Les motifs qui y sont exprimés font voir que le parlement avoit en vue, par cette réduction, plutôt de venir au secours du commerce en le faisant bonifier de la baisse de l'intérêt, que de procurer à l'état un avantage particulier dans la réduction des intérêts de sa dette. Les immeubles se vendent chez cette nation au-dessus du denier 40.

La France et l'Angleterre ont réduit successivement l'intérêt de l'argent à l'envi l'une de l'autre, pour s'assurer mutuellement les avantages de la supériorité en matière de commerce qui en devoient résulter. M. de Colbert le confirme dans son testament politique.

Tous ces législateurs, qui ont voulu se servir de leur autorité pour établir *la circulation rapide des capitaux par la diminution des intérêts*, n'ont pas saisi le vrai moyen et le seul propre à y parvenir d'une manière efficace. Cependant le Brabant et la Hollande avoient tracé la route depuis plusieurs siècles, en établissant *la sûreté des propriétés et des conventions*, l'un par le VEST et le DEVEST et l'autre par L'INSCRIPTION DES CRÉANCES : par ce système nouveau, ils diminuèrent *le risque des prêteurs*, seuls moyens de déterminer les capitalistes à confier leurs fonds à un bas intérêt. Depuis cette époque, l'intérêt a toujours diminué chez ces nations, sans qu'il fût besoin d'aucune loi particulière ; et depuis deux siècles on ne connoît dans ce pays, par cette sage institution, aucun des procès qui font chez nous la pâture des tribunaux, *le doute d'une propriété incommutable et celui d'une créance hypothécaire* : tel sera en effet en France le résultat de la nouvelle loi des hypothèques, que déjà chez vingt peuples de l'Europe ou a su mettre a profit pour en faire la base de la prospérité publique.

L'empereur Tibère sentit tellement la vérité de ce principe, qu'il s'en servit pour soustraire l'Italie au joug des usuriers. La loi des douze tables avoit fixé l'intérêt de l'argent à un pour cent ; cependant tous les capitalistes avóient resserré leur argent , afin d'obtenir par cette rareté un plus fort intérêt; les terres étoient tombées à vil prix : alors il prêta aux propriétaires pour trois ans 100 millions de sesterces, par *hypothèque spéciale* sur leurs immeubles, jusqu'à concurrence de la moitié de la valeur; dans cet intervalle, le prix des terres augmenta dans la proportion de la baisse de l'intérêt de l'argent.

On s'occupe depuis si long-temps du moyen de pourvoir à la subsistance du peuple, qu'il est étonnant qu'on ait omis comme moyen la *sûreté absolue des conventions :* elle doit, par la CONCURRENCE qui en dérivera , conduire à une circulation rapide de capitaux, et réduire, sans aucune loi, l'intérêt de l'argent au plus bas possible. C'est alors que les moyens d'industrie s'accroîtront *de toute la différence qu'il y aura dans la baisse des intérêts* ; et les fabrications , qui ne sont susceptibles que d'un foible produit, prendront leur existence dans cette même baisse de l'intérêt de l'argent. Le peuple obtiendra successivement de nouveaux moyens de travail : la société aura une grande abondance de productions, d'où naîtra le bon marché de toutes choses ; chacun de ses membres aura *l'aisance de la vie*, et le commerce *le bon marché de la main-d'œuvre*, avantages qui procureront la prépondérance sur toutes les nations.

Ce système donnera la solution du problême qui consiste *à réunir ensemble, dans un état, la plus plus grande quantité d'espèces réelles ou représentatives, avec le plus bas prix de la main-d'œuvre* (1).

Jamais il n'y aura trop de signe représentatif ; car à mesure que celui métallique se multipliera, celui fictif diminuera, et les marchandises et la main-d'œuvre n'augmenteront que quand la concurrence dans les prêts ne sera plus susceptible d'en diminuer les intérêts et les frais : or, nous sommes bien loin de cette position.

Ce même système sert également à prouver la fausseté de l'assertion avancée par MM. Hume, Stuart et Smith, que si la quantité du numéraire augmente dans un pays, la valeur en argent des différens objets y doit aussi augmenter, puisqu'à l'aide de la concurrence dans la baisse de l'intérêt de l'argent, le prix des choses doit toujours reprendre le niveau, si ce n'est dans le seul cas du défaut d'emploi. Mais jusqu'à cette époque, dont nous sommes fort éloignés, on peut dire avec vérité qu'on auroit trouvé la solution d'un problême qu'un célèbre auteur regardoit comme insoluble : *Quel est, dans un état quelconque, le moyen d'établir*

____

(1) Avant-propos de la traduction des discours prononcés au parlement d'Angleterre en 1737, pour réduire l'intérêt de l'argent de 4 à 3 pour 100.

*une proportion satisfaisante entre la masse
de son numéraire réel ou fictif, et celle de ses
besoins et de ses affaires ?*

*La hausse de la valeur des immeubles,
dans la proportion de la baisse de l'intérêt
de l'argent*, est une conséquence de ce
même système, puisque les propriétaires évi-
teront d'avoir recours aux capitalistes, que les
capitaux demeureront oisifs dans les mains de
ceux-ci, tant qu'ils ne voudront pas les prêter
à 2 pour 100. La position de la société, par
celle des propriétaires, sera absolument chan-
gée. On va le faire sentir dans un exemple.

En ce moment les biens-fonds se vendent
au denier 10, et pour 1000 l. de revenu, on
n'a que 10,000 l. de numéraire. Ces mêmes immeubles, lorsque l'intérêt de l'argent, fixé
par celui de la dette publique, sera à 2 pour
100, se vendront au denier cinquante, 50,000 l.
au lieu de 10,000 l. Chaque propriétaire ou la
société en masse aura donc réellement qua-
druplé sa richesse.

Un résumé sur l'influence de ce système
par rapport aux produits des finances et à la
situation de la dette publique, est également
favorable.

Les principaux revenus de la nation consistent dans l'impôt foncier et dans les droits
du timbre, de l'enregistrement, des douanes,
des patentes, et des postes et messageries.

Or, en établissant *la sûreté absolue des conventions* par le code hypothécaire, l'état est
sûr d'obtenir *la baisse de l'intérêt de l'argent
et la rapidité de la circulation la plus étendue.*
Par eux, le propriétaire trouvera, comme je

l'ai déjà dit, un prix vénal proportionné à cette même baisse. La matière imposable du droit d'*enregistrement* se trouvera augmentée d'autant.

Au moyen du code hypothécaire, la circulation prenant toute son activité ; l'industrie obtenant des secours proportionnés aux besoins, le droit du *timbre* sur les engagemens du commerce prend toute l'extension que le commerce peut lui offrir ; celui de l'*enregistrement*, sur le crédit des propriétaires, donne le même résultat. Les droits de *douanes* offrent toutes les ressources dont ils sont susceptibles, sans craindre aucune fraude. L'impôt des *patentes* se multipliera par la concurrence qui s'établira dans l'industrie. *Les postes et messageries* auront le même sort.

Il résulte donc de tout ceci que *la masse entière de la matière imposable* augmentera dans la proportion de la baisse de l'intérêt de l'argent.

Ce sera véritablement l'économie qu'indique Locke, nécessaire à obtenir pour une nation, *lorsque la décadence du commerce a fait sortir une partie du numéraire des propriétaires des terres, et lorsque le reste est entre les mains des marchands et des négocians*, ou plutôt une PRIME en faveur de chacune des classes industrieuses de la société, et *un ordre de commerce bien réglé*, qu'invoque également Locke dans ce cas.

On doit s'attendre que la baisse de l'intérêt de l'argent, qui augmentera *de plus du double la matière imposable*, permettra, par l'accroissement du revenu des impôts indirects, de *soulager* les contribuables dans quelques parties.

1°. D'abolir l'impôt *mobilier et somptuaire*, mis au rang des impôts directs : il est *inexécutable sans arbitraires*, par cela seul *inconstitutionnel* et contraire au principe qui légitime la nature de tout impôt : *la parfaite égalité dans la répartition*, la justice, autant que la politique, exigent leur plus prompte destruction.

Je me permettrai, à cet égard, de rappeler un principe de finances qui s'observe exactement en Angleterre, et qui fait que non-seulement on ne cherche point à cacher sa fortune, mais que chacun, pour son intérêt, la met le plus possible à découvert, parce qu'il a la preuve qu'aucun impôt n'est sujet à *l'arbitraire*. Avec ce principe bien observé en France, on aura les mêmes résultats ; les riches mettront de l'ostentation à faire connoître leur fortune, afin d'obtenir plus de crédit et plus de ressources pour augmenter leurs affaires : cette conduite, en provoquant l'industrie, excitera de plus en plus les *consommations*, l'ame et la vie d'un peuple industrieux, puisqu'elles exigent les reproductions.

Voici ce que dit à ce sujet un excellent auteur : « Lorsque le gouvernement peut réussir à » donner un pareil tour à l'imagination des » peuples (la publicité de leur fortune), il » n'est plus étonnant qu'en Angleterre tout » respire l'abondance et le commerce, et que » les finances et le crédit public y soient sur » le pied le plus florissant : le commerce étant » l'aliment de la finance, il procure au peuple » les moyens d'acquérir des richesses, et ce » n'est qu'autant qu'il en a qu'il peut *payer* » *les impositions et prêter à l'état* ».

2°. De diminuer l'impôt foncier dans la proportion de l'excédent de revenus que le nouveau système procureroit au-delà des dépenses ordinaires fixes. Ce dernier frappant sur les matières premières, alimens du commerce et de l'industrie, plus on l'affoiblira, plus on diminuera leurs charges et les obstacles à leur accroissement.

La préférence que je donne à l'extension des *impôts indirects* ne nuit en rien au système de ceux qui croient que la terre doit tout payer; car, selon eux, le résultat est le même pour les propriétaires, il n'opère aucun mal; mais si ce mode de perception décourage moins l'agriculture et élève la valeur vénale des immeubles, il est évident que les propriétaires, comme les finances, gagnent tout à ce changement de répartition de l'impôt; car l'agriculture, qui sera encouragée en payant moins d'impôt, *produira plus de matières premières;* les propriétaires obtiendront *une valeur vénale plus forte* de leurs propriétés, et les finances *plus de matières imposables.*

Il sera également facile au corps législatif, les choses ainsi établies, de voir s'il est de l'intérêt de la nation d'intercaller entre les deux impôts, ceux de *monopole* sur le *sel* et le *tabac:* il pourra en essayer sans faire beaucoup de frais, et l'accroître par l'expérience; mais dans ce cas, il ne faut pas perdre de vue que les produits de ces deux impôts doivent toujours tendre à la diminution de celui *direct* ou foncier, parce que ce sera toujours celui-là qui en temps de guerre servira *à compléter les revenus ordinaires*, attendu que le commerce étant moindre, les impôts indirects rapporteront beaucoup

moins, et qu'il faut, pour maintenir *le crédit
de l'état*, que toutes *ses dépenses ordinaires
soient exactement payées dans tous les temps.*

Ce système n'est pas moins avantageux pour
le crédit de l'état, puisqu'il tend à assurer le
recouvrement des revenus avec lesquels on sa-
tisfera les arrérages de sa dette et on for-
mera la caisse d'amortissement ; le public
aura une confiance dans le gouvernement com-
parative à l'assurance du recouvrement des
produits.

Ce plan, qui doit amener la baisse de l'intérêt au-dessous de 2 pour 100, offrira au gouvernement la même chance pour ceux de la
dette. Alors l'état pourra ouvrir un emprunt
au taux de cet intérêt décroissant pour rembourser une portion de sa dette actuelle; et
toutes les fois que par *la concurrence de la
baisse de l'intérêt de l'argent*, le gouvernement pourra reconstituer partie, ou le tout de
sa dette, à des conditions moins onéreuses, les
finances se trouveront sensiblement soulagées.
C'est alors que nous pourrons apprécier par
notre propre expérience la vérité de cette
maxime : « Entre plusieurs nations, celle qui
» aura l'argent à meilleur marché, toutes
» choses égales d'ailleurs, ruinera les autres
» dans le commerce ».

Je crois avoir prouvé que l'état peut avoir,
par ce système, un crédit isolé dans son principe de celui des particuliers, et qu'au moyen
de la circulation il aura avec celui de ces derniers *ce point de contact* qui en fait toute la
force.

Comme en Angleterre, les emprunts ou la dette n'absorberont que les capitaux oisifs, et il restera aux citoyens tous ceux réels et fictifs dont ils auront besoin.

Avec l'exactitude dans les payemens renaît aussi-tôt la confiance, reparoissent les transactions multipliées, enhardies par la certitude d'exécution de chaque engagement.

L'auteur déjà cité s'exprime d'une manière si simple sur les avantages attachés à un pareil ordre de choses, que je crois utile de citer encore un de ses passages : « Il ne faut pas » subtiliser pour trouver les causes du crédit » public des Anglois; il n'y en a point d'autre, » sinon, d'une part, les richesses que le com- » merce procure aux particuliers ; de l'autre, » que l'état n'a encore donné aucune atteinte » à sa fidélité dans l'exécution de ses enga- » gemens. De la multiplicité et de l'abondance » des richesses, il résulte qu'il a beaucoup de » fonds à placer ; et de ce que l'état est recon- » nu pour le plus favorable de tous les débi- » teurs, le plus solide et le plus fidèle, il en » résulte qu'on lui porte avec confiance, et » qu'une créance sur l'état est réputée le » meilleur de tous les effets ».

Je crois aussi avoir prouvé comment la rapidité de la circulation et la baisse de l'intérêt de l'argent, opérées par *une seule loi civile*, peuvent faire mouvoir tous les intérêts pour le succès des finances, et donner à la perception des revenus de l'état une extension de matière imposable qui tendra à soulager les contribuables.

Tout ce plan se réduit aux bases suivantes:

1°. Réconstitution et liquidation générale de la dette à 2 pour 100, avec un accroissement jusqu'à 3 pour 100, et l'assurance du remboursement du capital originaire.

2°. Formation d'une caisse d'amortissement de 36 millions, successivement portée à 108 millions, accrue d'ailleurs du prix des domaines nationaux.

3°. Faciliter, assurer par le code hypothécaire les moyens d'une circulation rapide.

Il sera inutile de créer aucun impôt.

L'expérience nous a démontré que dans les pays qui ont éprouvé une révolution, où on a adopté une constitution nouvelle, où enfin le gouvernement a été organisé, l'art de maintenir la tranquillité, de donner aux gouvernés du goût pour leur nouvelle constitution, a consisté dans l'aisance qu'on a procurée dès ce moment à tous les citoyens.

Pour parvenir à ce but, Cromwel protégea le commerce et établit l'acte de navigation, la Hollande rendit le commerce libre dans tous ses ports, la Suisse encouragea toutes les manufactures, les Etats-Unis d'Amérique ont organisé leur commerce par une liberté absolue. Dans ces différens pays, chaque citoyen, en profitant du nouvel ordre de choses, lia son intérêt individuel à l'affermissement du gouvernement qu'il lui assuroit.

Les différens esprits s'y accoutumèrent, et les hommes des factions leur préférèrent bientôt des spéculations, toujours lucratives, dans des pays nouvellement constitués, et qui sortent forcément de la misère.

Le plan que je propose offre les moyens d'exécuter ce que chaque nation employa pour consolider sa révolution : le succès en est certain.

F I N.

E R R A T A.

Page 5, *ligne* 19, la réconstitution de toute la dette, *lisez* la dette réconstituée.

Page 12, *ligne* 29, 6,783,727 livres, *lisez* 9,783,727 liv.

Page 20, *ligne* 23, 112 millions, *lisez* 113,184,633 liv.

De l'Imprimerie de H o n n e r t , rue du Colombier, n°. 1160.

[illegible]